Lars Zimmermann

Osteel

Ein ostfriesisches Dorf im Zweiten Weltkrieg

Eine Dokumentation zur Zeitgeschichte Ostfrieslands

Osteel

Ein ostfriesisches Dorf im Zweiten Weltkrieg

1. Auflage 2016

© 2016 Lars Zimmermann

ISBN Paperback: 978-3-7345-7879-3
ISBN E-Book: 978-3-7345-7881-6

Verlag: tredition GmbH
Umschlaggestaltung, Illustration: Lars Zimmermann

Vorwort

Diese Dokumentation über den zweiten Weltkrieg in Osteel soll eine Übersicht über die Ereignisse und Geschehnisse während des Krieges geben. Es wurden zusätzlich viele Informationen aus dem allgemeinen regio- und überregionalen Kriegsgeschehen beigefügt, um den Vorgängen oder Ereignissen einen Kontext im Zeitgeschehen des Krieges zu geben. Das Werk stellt eine Zusammenführung von verschiedenen Fakten, Zeitzeugenberichten und umfangreicher Recherche dar. Leider war es nicht immer möglich alle Daten exakt zu ermitteln, da im Laufe der Zeit viel Material vernichtet wurde. Diese Dokumentation soll auch einzelne Ereignisse oder Bauprojekte in den Kontext zum damaligen Weltgeschehen und Großprojekten der Wehrmachtsführung stellen. Ebenso soll es der Aufklärung dienen, dass der zweite Weltkrieg nicht nur auf den bekannten Kriegsschauplätzen stattfand, sondern auch in verschiedener Weise in jeder Ortschaft, jedem Dorf.

Die in diesem Werk verwendeten Bilder mit zeitgenössischen Aufnahmen von Kriegsgerät und/oder Soldaten sollen keinesfalls kriegsverherrlichend wirken sondern dienen rein der Darstellung von historischen Begebenheiten oder als Illustration. Gleiches gilt für Zitate, Textauszüge oder Wörter der zeitgenössischen Propaganda, der Autor distanziert sich von jeglicher Form des Nationalsozialismus und sämtliche Abschriften oder Zitate dienen der historischen Darstellung.

Danksagung

Hinter mir liegen einige arbeitsreiche Monate, die aus Archivbesuchen, dem Wälzen von zahlreicher Literatur und Gesprächen bestanden. Auf diesem Wege möchte ich mich bei den Menschen, Behörden und Einrichtungen bedanken, die mich bei der Erstellung dieses Werkes unterstützt haben.

Mein besonderer Dank gilt den Zeitzeugen, die mir für intensive Gespräche über die teilweise unheilvolle Zeit stets hilfs- und auskunftsbereit zur Verfügung standen. Zu nennen sind hier die Osteeler Erich Abegg, Hans Gerdsen und Enno Jannßen, der in Osteel aufgewachsene Heyo Bogena, die Leezdorfer Wilhelm Wallis und Laura Stein, durch die ich unzählige Informationen und/oder Bilder erhalten konnte. Des Weiteren möchte ich dem Kriegsmarine-Veteranen Wolfgang Ebert danken, für die interessanten Gespräche u.a. über das Marinelager Tidofeld. Gleiches gilt für Popaeus Weingarten (geb. in Osteel), der mir als ehemaliger DO-17 Bordtechniker so manches Detail über das Flugzeug erzählen konnte.

Popaeus Weingarten (mitte) vor „seiner" DO-17 in den Pyrenäen während des Zweiten Weltkrieges

Ein weiterer großer Dank geht an William Powers vom 390th Memorial Museum in Tucson, Arizona, für die Bereitstellung von Informations- und Bildmaterial im Bezug auf die abgestürzte Boeing B-17 der 390th Bomb Group. Gleicher geht an Dietrich Janßen und Marten Klose vom Verein Bunkermuseum e.V. aus Emden, für die freundliche Unterstützung.

Inhaltsverzeichnis

1. Allgemeines

Die Gemeinde Osteel befand sich in der Zeit des Nationalsozialismus territorial im NSDAP-Gau[1] *„Weser-Ems"*, im Bereich *Luftgaukommando*[2] *XI* und im *Wehrkreis*[3] *X*. Osteel war während des Krieges primär durch Einwirkungen aus der Luft betroffen. Durch die Nähe zu der Seehafenstadt Emden sowie der Nordseeküste lag Osteel oftmals direkt in der Ein- bzw. Ausflugroute der alliierten Bomberverbände. Auch Bomberverbände mit dem Ziel Wilhemshaven, Bremen oder dem Ruhrgebiet überflogen den Luftraum über Osteel und Ostfriesland.

Wilhelmshaven und Emden waren durch die vorhandenen Hafen- und Werftanlagen oft Ziel der alliierten Verbände. Als Folge dessen wurden viele Flugabwehrstellungen am Boden errichtet, um den Luftraum über und um den potenziellen alliierten Angriffszielen zu schützen.

Weiterhin wurde der Luftraum durch verschiedene Jagd- und Nachtjagdgeschwader der deutschen Luftwaffe verteidigt. Für den norddeutschen Raum übernahm dies die 2. Jagddivision, im Raum Ostfriesland wurde die Lufthoheit hauptsächlich durch verschiedene Jagd- und Nachtjagdgeschwader sichergestellt. Die Flugzeuge befanden sich auf Militärflugplätzen in Wittmund, Jever, Marx oder Varel und konnten so schnell alliierte Angriffe bekämpfen.

Während des Krieges stürzten eine Vielzahl von Flugzeugen über Ostfriesland und der Nordsee ab, Zwei davon in Osteel/Leezdorf. Bei diesen beiden Abstürzen ließen insgesamt drei deutsche und zwei amerikanische Soldaten ihr Leben.

Im Zuge des „Friesenwall-Projektes" fand Osteel ebenfalls Berücksichtigung, da die Nähe zur Nordseeküste und somit auch zur deutschen Bucht, in der 1944 einen alliierten Angriff befürchtete wurde, gegeben war.

---

[1]*NSDAP-Gau:* Die *Nationalsozialistische Deutsche Arbeiterpartei (NSDAP)* teilte das Deutsche Reichsgebiet in sog. „Gaue" auf, die den Reichstagswahlkreisen entsprachen.

[2]*Luftgaukommando:* Die Luftwaffe teilte das Reichsgebiet in *Luftgaukommandos* auf, diese Dienststellen übernahmen Aufgaben im Bezug auf div. Einrichtungen, Flugplätze und Ausbildung der Luftwaffeneinheiten innerhalb des Territoriums.

[3]*Wehrkreis:* Das Deutsche Reich wurde durch *Wehrkreise* in *Reichsverteidigungsbezirke* aufgeteilt, die jeweils die Verantwortung für die Rekrutierung und Ausbildung von Kräften des Heeres übernahmen.

2. Luft- und Landverteidigung

2.1 Luftverteidigung

Der ostfriesische Luftraum wurde während des Krieges von zahlreichen alliierten Luftfahrzeugen durchquert, da Ostfriesland oftmals direkt in der Ein- bzw. Ausflugroute der in England gestarteten Flugzeuge lag. 1942 wird Ostfriesland in der nationalsozialistischen Propaganda auch als *„nordwestlicher Eckpfeiler gegen England"* bezeichnet[4].

Abb.1 Maschinengewehr zur Flugabwehr an der ostfriesischen Nordseeküste

Um die Angriffe der alliierten Flugzeuge auf das deutsche Reichsgebiet zu bekämpfen wurden verschiedene Luftabwehrmaßnahmen vorgenommen. Ostfriesland war von diesen Maßnahmen besonders betroffen, da die angreifenden Verbände bereits vor oder im ostfriesischen Luftraum bekämpft werden sollten. Dies wurde zum Beispiel durch die Stationierung von deutschen Jagdflugzeugen unter Anderem auf Fliegerhorsten in Wittmund, Marx und in Jever (Friesland) gewährleistet. Die deutschen Jäger sollten anfliegende alliierte Verbände bereits über der Nordsee abfangen,

---

[4] Vgl. : „Ostfreesland Kalender" Ausgabe 1941, S. 199

bekämpfen und dadurch einen Angriff auf das Reichsgebiet verhindern oder reduzieren. Daraus resultierend ereigneten sich viele Luftkämpfe zwischen alliierten und deutschen Luftfahrzeugen im Luftraum über der Nordsee und dem ostfriesischen Festland. Des Weiteren wurde eine Vielzahl von landgebundenen Flugabwehreinrichtungen, wie zum Beispiel diverse Flak- und Scheinwerferstellungen, auf ostfriesischem Boden errichtet und stationiert. Im Altkreis Norden sind hier zum Beispiel die Ortschaften Westermarsch I und II, Ostermarsch, Hagermarsch, Lütesburg, Hilgen-riedersiel, Hage, Lintelermarsch, Utlandshörn und Norden als Stellungs-bereiche von Flak- und Scheinwerfereinheiten zu nennen.[5] Viele Flak-Einheiten der Marine und Luftwaffe wurden auch auf den ostfriesischen Inseln wie z.B. auf Borkum, Juist, Norderney oder Wangerooge stationiert. Norderney, Wangerooge und Borkum wurden zusätzlich besonders stark ausgebaut und befestigt und letztendlich zur „Festung" erklärt[6]. Der Flak-Schutz für die als Angriffsziel hochfrequentierte ostfriesische Seehafenstadt Emden wurde maßgeblich durch die Marine-Flak-Abteilung 236 sichergestellt[7].

*Abb.2 **schwere 8,8cm Flak in einem ostfriesischen Hafen zu Kriegsbeginn 1939***

9

Auf dem Ausschnitt der Jägergradnetzkarte[8] „*Bodenorganisation Großraum Nachtjagd/Luftflotte Reich*" von August 1944 ist die Einrichtung der Flugabwehr zu erkennen. Osteel lag auf dieser Karte im Planquadrat *Bruno-Paula-Acht (BP 8)*. Die roten Linien markieren die eingerichteten Flakzonen, die sich über Bereiche der ostfriesischen Inseln, der Seehafenstadt Emden und des Dollards sowie um Wilhelmshaven mit dem dazugehörigen Jadebusen erstreckt haben. Die alliierten Verbände versuchten oftmals, diesen Flakzonen auszuweichen oder diese zu umfliegen. Ebenfalls eingezeichnet sind die Fliegerhorste Wittmundhafen, Jever und Varel sowie der Einsatzhafen Marx. Die restlichen Markierungen auf dem Kartenausschnitt stellen zum einen verschiedene Orientierungseinrichtungen (z.B. Ausleuchtung des Luftraumes durch Scheinwerfer oder Leuchtgranaten) für die Nachtjagd dar und zum anderen auch allgemeine Scheinwerferzonen oder -straßen.

*Abb.3 **Jägergradnetzkarte „Bodenorganisation Großraum NJ/Luftflotte Reich"***

---

[5] Vgl.: NLA AU, Rep. 36, acc. 2004/58 Nr. 1845

[6] Vgl.: Heber, Thorsten: Der Atlantikwall 1940 – 1945, Books on Demand-Verlag, 2008, S.569

[7] Vgl.: Janßen, Dietrich: Marine-Flak-Abteilung 236 Emden, 2001

[8] *Jägergradnetzkarte*: Karte mit Gradnetzgitter, die das Gebiet in bezeichnete Planquadrate aufteilt. Durch die Einteilung in immer kleinere Quadrate war eine genaue Verortung möglich. Verwendung z.B. in den Luftlagemeldungen der Jagdfliegerdivisionen.

Bereits vor Kriegsbeginn im September 1939 wurden durch die deutsche Luftwaffe Planungen und Versuche durchgeführt, um feindliche Nachtangriffe mit Jagdflugzeugen bekämpfen zu können. Es handelte sich um das sog. „Nachtjagd"-Verfahren, welches schon im ersten Weltkrieg eingeführt wurde. Im Jahre 1939 ging man auf deutscher Seite von einer weiterhin neutralen Haltung Belgiens und den Niederlande im Verlauf des Krieges aus, was einen Einflug von englischen Bombern über die Nordsee und somit auch über Ostfriesland bedeutet hätte.[9] Als erste Form des Nachtjagd Verfahrens wurde die „helle Nachtjagd" angewandt. Für die Durchführung dieser Nachtjagd-Form wurde ein „heller Gürtel" (Scheinwerfergürtel) errichtet, der aus Scheinwerfer- und Richtungshörerstellungen bestand. Bei dem Verfahren sollten die Nachtjäger nach der Alarmierung zuerst ihre „Warteräume" in der Luft aufsuchen und nach der Ortung der Feindflugzeuge durch die Richtungshörer am Boden (später Ortung durch Funkmessgeräte) und der Freigabe durch Lichtzeichen von ebenfalls am Boden befindlichen Scheinwerfern in die gekennzeichneten Jagdräume einfliegen um anschließend den Feind dort bekämpfen zu können. Die Scheinwerfer sollten jetzt die Feindflugzeuge im Lichtkegel erfassen und für die Nachtjäger beleuchten. Bereits vor Kriegsbeginn gab es erste Übungsflüge mit Anwendung des oben genannten Verfahrens der „hellen Nachtjagd".[10] Im Zuge der Erprobung und Anwendung des Verfahrens der hellen Nachtjagd wurden ab Herbst 1939, vereinzelt auch schon vorher, verstärkt Scheinwerfereinheiten im Bereich der Nordseeküste stationiert.[11] Diese Einheiten, ausgestattet mit Scheinwerfern und Richtungshörern zur Flugzeugortung sollten den Himmel für die in Jever startenden Nachtjäger ausleuchten und in Verbindung mit Flugabwehrbatterien am Boden somit möglichst effektiv die feindlichen Einflüge bei Nacht bekämpfen. Im Zeitraum von Herbst 1939 bis Anfang/Mitte 1940 wurde diese Praktik im ostfriesischen Raum u.a. durch Nachtjäger der Verbände 10.(Nacht)/ZG 26, 11. (Nacht)/LG 2, 12. (Nacht)/LG 2 vom Flugplatz Jever durchgeführt. Das erste reine Nachtjagdgeschwader (NJG 1) wurde erst im Juni 1940 aufgestellt, kurz darauf wurde schon mit der Aufstellung einer Nachtjagddivision begonnen.[12]

---

[9] Vgl.: Cartier, Raymond: Der Zweite Weltkrieg, Lingen Verlag Köln, 1967, Bd.1 S.42

[10] Vgl.: Held, Werner u. Nauroth Holger: Die dt. NJ, Motor Buch Vlg. STR, 1992, S.7, 33

[11] Vgl.: NLA AU, Rep. 36, acc. 2004/58 Nr. 1845 u. 1846

[12] Vgl.: Tessin, Georg: Verbände und Truppen der dt. Wehrmacht und Waffen-SS im zweiten Weltkrieg 1939-1945 Bd. 14, Biblio Verlag, 1980, S.327, 340, 399, 323

Die im weiteren Verlauf dieses Kapitels aufgeführten Einheiten im Altkreis Norden, auch die in Osteel stationierten, waren ebenfalls Teil dieses Verfahrens der „hellen Nachtjagd" und waren natürlich auch für die bodengestützte Flugabwehr bei Tagesangriffen zuständig. Der siegreiche Abschluss des deutschen Westfeldzuges, der Luftschlacht um England, der Einführung von neuen Nachtjagdverfahren und Techniken waren u.a. Gründe für den Abzug der meisten Luftwaffen-Einheiten bis zur Jahresmitte 1940. Dieser Sachverhalt wird im Folgenden noch weiter erläutert. Der Ausbau der Nachtjagd wurde 1941 durch die Einführung des „Himmelbett"-Verfahrens weiter vorangetrieben, bei dem die bestehenden Schein-werferriegel um Funkmessgeräte erweitert wurden, um eine bessere Zielerfassung mit modernerer Technik zu erreichen. Generalmajor Josef Kammhuber (Kommandeur 1. Nachtjagddivision) baute das System weiter aus, der Scheinwerferriegel mit den Jagdräumen der „hellen Nachtjagd" verlief jetzt von Nord- bis Südwesteuropa und an der Küste. Um die Großstädte entstanden Jagdräume des neuen „Himmelbett"-Verfahrens. Aufgrund seines Erfinders wurde dieser Ausbau von den Alliierten „Kammhuber-Linie" getauft.[13] Osteel befand sich nun im Jagdraum („Himmelbett-Kreis") mit der Bezeichnung *Jaguar*. Funkmessgeräte für die Zielerfassung dieses Verfahrens im Altkreis Norden befanden sich z.B. auf Norderney[14] oder dem Marienhafener Kirchturm[15].

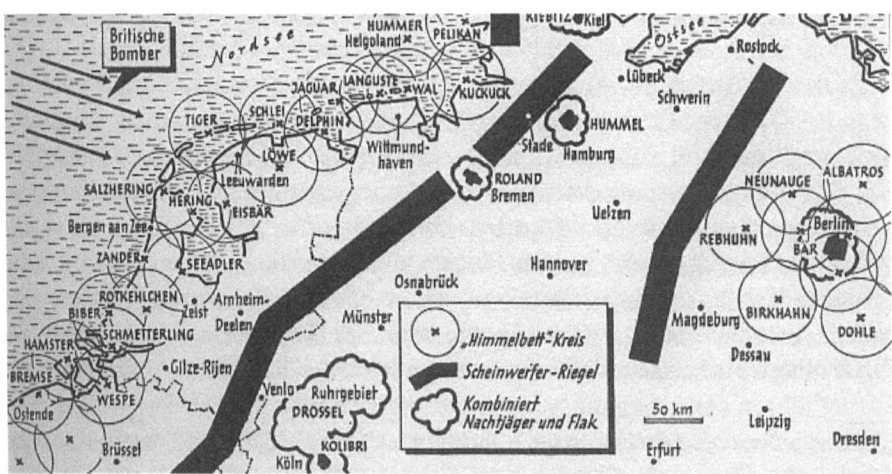

Abb.4 Die „Kammhuber-Linie" 1941, gut zu erkennen: die Jagdräume (Kreise)

2.1.1 Flugabwehrbatterie in Osteel

Aufgrund des deutschen Überfalles auf Polen am 1.9.1939 erklärten Frankreich und England am 3.9.1939 dem Deutschen Reich den Krieg. Schon Ende September 1939 befanden sich Einheiten der Wehrmacht zur Flugabwehr in Osteel und Marienhafe. Die Flugabwehr sollte das Deutsche Reich vor Luftangriffen schützen. Bereits ab dem 3.9.1939 begannen englische und französische Flugzeuge in den deutschen Luftraum einzudringen und flogen über Ostfriesland sowie über das Ruhrgebiet. Es wurden u.a. Flugblätter abgeworfen und die Marinewerft in Wilhelmshaven angegriffen. Hauptziel der vereinzelten alliierten Luftangriffe waren deutsche Kriegsschiffe und Marinestützpunkte an der Nordseeküste. In der Nacht des 4.9.1939 um ca. 03:00 Uhr, wurde von der Marine-Flak-Abteilung 236 in Emden das erste englische Flugzeug über Emden gesichtet, mit Kurs auf Bremen. Es erfolgten bereits einige Flugzeugabschüsse durch die deutsche Flugabwehr, ebenfalls am 4.9.1939 wurde der erste englische Pilot nach einem Absturz in Norddeich gefangen genommen[16]. Die englischen Verbände erlitten hauptsächlich durch die Angriffe von deutschen Jagdflugzeugen empfindliche Verluste.

Ab der Jahresmitte 1939 wurden verstärkt Flugabwehr- und Scheinwerfereinheiten im Altkreis Norden, zu dem auch Osteel gehörte, stationiert. So ging die Reserve-Flak-Abteilung 115 mit drei Flak-Batterien vom 2. September bis November 1939 auf dem Weideland des Lütesburger Bauern Gerhard Germann aus Lütesburg in Stellung, anschließend wurde der Bereich der Flugabwehr-Maschinengewehr-Reserve-Kompanie 4 zugeteilt. Die drei Batterien waren zusammengefasst und Teil der „Flakuntergruppe Hage". Die schwere II. Batterie der Reseve-Flak-Abteilung 115 ging in einem Weideland des Bauern Adolf Müller an der Ostermarscher Landstraße in Lintelermarsch (östlich von Norddeich) im Jahre 1939 mit 8,8cm Flugabwehrkanonen in Stellung, ab dem 20.12.1939 befand sich die Abteilung erneut vielerorts in und um Norden im Einsatz.[17]

---

[13] Vgl.: Held, Werner u. Nauroth Holger: Die dt. NJ, Motor Buch Vlg. STR, 1992, S.115-117

[14] Vgl.: Friese, Jürgen u. Röben, Bernd: Die Festung Norderney im zweiten Weltkrieg DAWA Sonderband 6, Deutsches Atlantikwall-Archiv-Verlag, 2012, S.56-57

[15] Qu.: Bogena, Heyo; Abegg, Erich; Gerdsen, Hans: ZZ-Er. Osteel, Interviews 2015 u. 2016

[16] Vgl.: Lehman, Alfred: KTB 1939-45, HZA Emd. S.3; Janßen, Dietrich: M.Flak.A. 236, S.4

[17] Vgl.: NLA AU, Rep. 36, acc. 2004/58 Nr. 1845

Im September 1939 wurde u.a. das Weideland des Landwirtes Ihno Wäcken in Westermarsch II für die Errichtung von Geschützstellungen und Unterkünften besetzt, diese wurden durch ständig wechselnde Flak-Einheiten belegt. Im Jahre 1941 wurde zusätzlich ein Kleefeld in Beschlag genommen, um dort weitere Baracken zu errichten und, wie in weiteren Flak-Stellungen, ein Fußballfeld als Freizeitbeschäftigung für die Soldaten anzulegen.[18] Teile der leichten Reserve-Flak-Abteilung 767 bezogen ebenfalls Stellung auf verschiedenen Ländereien in Westermarsch II und direkt am Deich in Norddeich.[19]

Abb. 5 2cm-Flak einer leichten Flak-Abteilung im ostfriesischen Winter 1940

Die meisten Einheiten blieben bis zum Jahresanfang/ Jahresmitte 1940, einige verblieben auch noch bis 1942 in ihren Stellungen. So zogen Teile des 13. Scheinwerfer-Batterie Flak-Lehr-Regimentes im Frühjahr 1940 aus Hilgenriedersiel ab und hinterließen zwei Unterkunftsbaracken auf dem Pachtgrundstück des Bauaufsehers Ludwig Fischer, die anschließend durch den Meliorationsverband mit Kriegsgefangenen belegt wurden.[20]

[18, 19, 20] Vgl.: NLA AU, Rep. 36, acc. 2004/58 Nr. 1845

Abb.6 Teile der 13. Scheinwerfer-Batterie des Flak-Lehr-Regimentes mit Ring-richter-Richtungshörern im Kriegswinter 1939/19340 in Theener (Hagermarsch)

Auf der Fotografie ist ein Konvoi der 13. Scheinwerfer-Batterie des Flak-Lehr-Regimentes, welche in Hilgenriedersiel Stellung bezogen hatte, im Kriegswinter 1939/1940 in Hagermarsch zu sehen.

Als die Wehrmacht am 10. Mai 1940 mit dem Westfeldzug begann, flog die RAF ab Mitte Mai auch die ersten Bombenangriffe gegen das westliche Deutschland. Nachdem Frankreich im Juni 1940 eine Niederlage gegenüber dem Deutschen Reich erlitt, begann die „Luftschlacht um England" zwischen der deutschen Luftwaffe und der englischen RAF. Ziel der deutschen Seite war es, die Lufthoheit über England zu gewinnen und somit u.a. die „Operation Seelöwe", die geplante Landung und Invasion von deutschen Kräften auf englischem Boden, vorzubereiten.[21] Durch die defensive Haltung der RAF in der Luftschlacht um England, die daraus resultierende Schwächung der englischen Fliegerverbände durch die deutsche Luftwaffe im Jahre 1940 und die ausgeweiteten Kriegstätigkeiten der Wehrmacht 1941, wie z.B. die Vorbereitungsmaßnahmen auf das

„Unternehmen Barbarossa", die Invasion der Sowjetunion durch die Wehrmacht, dem „Balkanfeldzug" und dem „Afrikafeldzug", war zum einen das Vorhandensein von Flugabwehrmaßnahmen in dem Maße im Bereich der Deutschen Bucht/Ostfriesland im Jahre 1940 nicht mehr erforderlich und zum Anderen machten die Feldzüge im Jahre 1941 eine Personal- und Materialverlegung auch von Flugabwehreinheiten in die dortigen Gebiete erforderlich.[22] Diese beiden Ereignisse lassen sich als primäre Gründe ausmachen, warum große Teile der Luftwaffen-Flak jeweils im Frühjahr/Sommer der Jahre 1940 und 1941 aus dem ostfriesischen Raum abgezogen wurden. Einige Flugabwehr-Stellungen und Einheiten verblieben allerdings auch noch längerfristig im Bereich des Altkreises Norden. Wie zum Beispiel eine Scheinwerferstellung der Marine, die sich noch bis zum 2. September 1942 auf dem Pachtland des Landgebräuchers Esdert Smidt in Osterhusen befand. Errichtet wurde diese Stellung am 1.10.1939.[23]

Teile des Stabes Flak-Regiment 50 wurden in die „Flakuntergruppe Norddeich" eingegliedert, anschließend in direkter Deichnähe eingesetzt und beschädigten in den Wintern 1940/1941 die Außenberme des Seedeiches, der Teil des Vorlandes welches sich direkt an den Deichkörper anschließt, da diese mit schweren Fahrzeugen befahren wurde um die Stellungen zu erreichen. In Richtung Osten befanden sich ebenfalls weitere Scheinwerferstellungen und ständig wechselnde Flugabwehreinheiten wie die leichte Reserve-Flak-Batterie 39/XI, die 3. Batterie der leichten Reserve-Flak-Abteilung 872, der Stab der leichten Reserve-Flak-Abteilung 767, die leichte Reserve-Flak-Abteilung 921 oder noch im Jahre 1944 Teile des Stabes der leichten Flak-Abteilung 988. Die leichten Reserve-Flak-Abteilung 767 und 921 nahmen zusätzlich von Juli bis September 1940 Garagen der Frisia AG und eine feldscheunenähnlichen Schuppen hinter dem Hotel „Norddeich" in Beschlag. Bereits im November 1942 beklagte der Lintelermarscher Deichrichter in einem Schreiben an den Norder Landrat, dass durch den ständigen Wechsel der Einheiten, die keineswegs aus ortsansässigen Soldaten bestanden, keine Sensibilisierung im Bezug auf den Umgang mit dem Deich vorgenommen werden konnte und den Soldaten somit die enorme Wichtigkeit des Seedeiches gar nicht bekannt war. Bis Kriegsende trat jedoch keine Besserung ein.[24]

---

[21] Vgl.: Cartier, Raymond: Der Zweite Weltkrieg, Lingen Verlag Köln, 1967, Bd.1 S.246

[22] Vgl.: Bsp. Verlegung von Abteilungen des Flak-Regimentes 26

[23,24] Vgl.: NLA AU, Rep. 36, acc. 2004/58 Nr. 1845 u. 1846

In Osteel befand sich im Herbst 1939 die 7. Batterie der II./Flak-Regiment 26 in Stellung. Die II. Abteilung des Flak-Regiments 26 wurde am 15. November 1938 in Oldenburg mit fünf Batterien (6. – 10. Batterie) als gemischte motorisierte Abteilung aus der I. Abteilung des Flak-Regiments 62 aufgestellt. Die II./Flak-Regiment 26 unterstand dem Luftverteidigungskommando 3 und Kommandeur des Flak-Regimentes war vom 15.11.1938 bis zum 31.1.1941 der damalige Oberst Hans Jürgen von Witzendorff[25].

Abb.7 angetretene Teile der II./Flak-Regiment 26 in Oldenburg

Batterieführer der 7. Batterie, die im Herbst 1939 mit schweren Flugabwehrgeschützen in Osteel anrückte, war der Hauptmann Steffeinski. Die Feldpostnummer der Batterie lautete *24 585* bzw. *L* (Luftwaffe) *24 585*[26]. Der Hauptmann und Batteriechef sorgte während des Aufenthaltes der Batterie in Osteel für ein kurioses Ereignis. Als sich dieser eines Abends in alkoholisiertem Zustand mit seinem Kraftfahrzeug auf der Fabriciusstraße, die rund um die Osteeler Kirche verläuft, bewegte, verlor er die Kontrolle über das Fahrzeug und fuhr anschließend in ein damals vorhandenes Sieltief. Bei diesem Missgeschick verlor der Batterieführer seine Dienstpistole, diese konnte anschließend von Einwohnern aus dem Tief gefischt werden. Aufgrund des Vorfalles wurde das Sieltief anschließend von der Bevölkerung „*Hauptmann´s Ruh*" getauft.[27]

Eine Batterie mit schweren Flugabwehrgeschützen bestand 1939 in der Regel aus vier 8,8cm Flugabwehrkanonen. Die Batterie setzte sich aus mehreren Teilen mit verschiedenen Aufgabenbereichen zusammen, die im Folgenden erläutert werden.[28] In diese, oder in leicht abgewandte Form, war auch die in Osteel stationierte 7. Batterie der II./Flak-Regiment 26 gestaffelt.

Messstaffel (Feuerleitung):

Die Messstaffel beheimatete den Messtrupp I, dieser war mit einem Kommandogerät 36 ausgestattet und befand sich ca. 100m seitlich der Feuerstellung mit den Geschützen. Mithilfe des Kommandogerätes 36, konnte die Flugzeit der abzufeuernden Granaten bestimmt werden. Das Kommandogerät errechnete Höhen- und Seitenrichtzahlen anhand der Flughöhe- und Flugroute des erfassten Flugzeuges. Nach diesen Werten konnte dann der Uhrwerkzünder innerhalb der abzuschießenden Flak-Granate eingestellt werden. Daraus ergab sich dann Höhe und Zeitpunkt, in der die abgeschossene Granate explodierte. Die vier Geschütze der Feuerstellung waren über Fernmeldekabel mit dem Kommandogerät 36 verbunden. Außerdem bestanden eine Telefonverbindung zum Messtrupp II, sowie eine Verbindung zur Funkstelle der Feuerstellung.

*Abb. 8 **Kommandogerät 36 der I./Flak-Regiment 26 hier in Diepholz***

Der Messtrupp II war ebenfalls Bestandteil der Messstaffel. Dieser Messtrupp befand sich in der Mitte der Feuerstellung mit den Geschützen. Der Trupp war ausgestattet mit einem Kommandohilfsgerät 35, es erfüllte denselben Zweck wie das Kommandogerät 36 und sollte dieses bei einem Ausfall ersetzen. Die errechneten Werte wurden hier in der Regel mündlich an die Flak-Besatzung übermittelt.

Geschützstaffel:

Die Geschützstaffel umfasste die Flugabwehrgeschütze an sich mit den dazugehörigen Kraftfahrzeugen und Anhängern, Kraftfahrern, Geschütz-Kanonieren (Geschützbedienung) und einen Kradmelder. Die Geschütze wurden auf Transportachsenwagen sog. Sonderanhängern vom Typ 201 oder 202 transportiert und von schweren Zugkraftwagen in Form von Sonder-Kraftfahrzeugen Typ 8 (Halbkettenfahrzeuge) gezogen.

Abb. 9 Geschütztransport der II./Flak-Regiment 26, Aufnahmeort unbekannt

19

Um die Geschütze vor Ort in Stellung zu bringen, wurden diese von den Transportachsenwagen „abgeprotzt". Das „Abprotzen" bedeutet, dass jeweils die Vorder- und Hinterachse des Transportachsenwagens von dem Geschütz entfernt wurden und dieses dann auf vier Holme gesetzt wurde. Dies war auch in Osteel der Fall, da die Batterie nur „feldmäßig" in Stellung ging, es wurden keine Fundamente angelegt oder Geschützstellungen ausgehoben.

Abb.10 Soldaten der II./Flak-Reg. 26 „protzen" eine Flak ab, Ort unbekannt

Nachdem alle Geschütze in Stellung standen ergab sich daraus die Feuerstellung. Die Feuerstellung einer schweren Flakbatterie umfasste vier Flugabwehrgeschütze. Die in Osteel stationierte 7. Batterie der II./Flak-Regiment 26 war mit Flugabwehrkanonen vom Typ 8,8-cm-FlaK 37 des Herstellers Krupp ausgestattet. Das Kaliber betrug 88mm, ein Geschütz wog 5.000 kg und die Masse der Geschosse betrug 9,4 kg. Das Geschütz erreichte eine maximale Schussweite von 14.860 m bei einer praktischen Feuergeschwindigkeit von 15-20 Schuss/min. Üblicherweise wurden neun Soldaten und/oder Flakhelfer als Geschützbedienung für das Geschütz eingesetzt.[29] Innerhalb der Feuerstellung befanden sich die Geschütze im Viereck in einem Abstand von ca. 30 – 45m um den Messtrupp II herum, der sich mit dem Kommandohilfsgerät 35 in der Mitte der Feuerstellung befand.

Abb.11 eines von vier 8,8cm Geschützen zwischen Osteel und Marienhafe

Die einzig existierende Fotografie der 7. Batterie in Osteel zeigt eine 8,8cm Flugabwehrkanone in Stellung mit der gesamten Geschützbedienung. Die Geschützbedienung steht auf dieser Fotografie „schulmäßig" an der Flugabwehrkanone, dieses Bild wurde für nationalsozialistische Propagandazwecke angefertigt und verwendet. Es war mit der Bildunter-schrift *„Wehe dem Engländer, der in den Wirkungsbereich der schweren deutschen Flakgeschütze geriet"* versehen. Es wurden keine Angaben zum Ort der Aufnahme, zur Einheit oder sonstige Details veröffentlicht, da dies der Geheimhaltung unterlag. Auf dem Bild ist der Geschützführer gut erkennbar, dieser trägt als Kopfbedeckung ein Schiffchen statt des Stahlhelmes. Direkt hinter der Flugabwehrkanone erkennt man eine kleine Baracke, links im Hintergrund einen Unterstand und/oder ein oder mehrere Zelte. Dahinter sind Kühe zu sehen, die auf der Weide grasen. Am Horizont zeichnet sich die Osteeler Kirche deutlich ab.

---

[25] Vgl.: Altenburger, Andreas: „Lexikon der Wehrmacht" unter: http://www.lexikon-der-wehrmacht.de/Gliederungen/FlakRegimenter/FR26-R.htm (abgerufen 19.02.2016)

[26] Vgl.: NLA AU, Rep. 36, acc. 2004/58 Nr. 1845 u. 1846

[27] Qu.: Abegg, Erich: Zeitzeugen-Erinnerungen Osteel, Interview 04/2016

[28] Vgl.: Skarus, Peter: „Systeme der Fla und Flak bis 1945" unter: http://peters-ada.de/systeme.htm#8,8 (abgerufen 11.04.2016)

[29] Vgl.: Neumann, Ernst: Handbuch für den Flakartilleristen, Offene Worte-Verlag, 1939

Nachrichtenstaffel:

seitlich der Feuerstellung befand sich eine Funkstellung, die über ein Funkgerät mit 100W Sendeleistung verfügte und Teil der Nachrichtenstaffel war. Zusätzlich war noch ein kleineres Funkgerät mit 5W Sendeleistung vorhanden. Aufgabe der Funkstellung war es zum Beispiel auch, den Sprechverkehr der anfliegenden Feindflugzeuge abzuhören. Gegebenenfalls war noch ein Feldkabeltrupp Bestandteil der Nachrichtenstaffel.

Munitionsstaffel und Batterietross:

Die Munitionsstaffel und der Batterietross umfassten einige Fahrzeuge, im Schwerpunkt Lkw, für den Transport von Munition, Verpflegung und Feldküche, Gerät, Gepäck und Betriebsstoffen. In Osteel verfügte der Batterietross sogar über einen Tankwagen. Außerdem waren Soldaten mit unterschiedlichsten Aufgabenbereichen wie Kraftfahrer, Tankwart, Rechnungsführer, Feldkoch, Schreiber, Schneider und Schuhmacher Bestandteil des Batterietrosses.

Scheinwerferstellung und Richtungshörer:

In Osteel befanden sich außer der Flakbatterie auch noch Scheinwerfer und Richtungshörer in Stellung. Diese Feuerleiteinrichtungen waren nicht in die 7. Batterie der II. Abteilung des Flak-Regimentes 26 eingegliedert, sondern waren Teil der III. Abteilung (Scheinwerferabteilung motorisiert).[30] Der Ringrichter-Richtungshörer und ein Scheinwerfer befanden sich in einiger Entfernung zur Feuerstellung der 7. Batterie, die genauen Positionierungen dieser Stellungen werden im Folgenden noch erläutert. Scheinwerfer und Richtungshörer waren Teil des vorher genannten „Scheinwerfergürtels", der für die Nachtjagd eingerichtet wurde. Diese Einheit bezog bereits vor Kriegsbeginn Stellung und wirkte auch in einer Übung, ebenfalls vor Kriegsbeginn, mit, in der sämtliche Flugabwehreinheiten an der Nordseeküste den Himmel weitläufig ausleuchteten.[31]

---

[30] Vgl.: Altenburger, Andreas: „LdW" (online) bzgl. Fla-Rgt. 26 (abgerufen 19.02.2016)
[31] Qu.: Wallis, Wilhelm: Zeitzeugen-Erinnerungen Osteel, Interview 02/2016

Richtungshörer oder Horchgeräte wurden bereits im ersten Weltkrieg entwickelt und verwendet. Diese Geräte fanden ebenfalls im zweiten Weltkrieg bei der Aufklärung von feindlichen Luftfahrzeugen Verwendung. Durch die rein akustische Lokalisation konnten Flugzeuge auch bei schlechtem Wetter, Nebel oder Dunkelheit verortet werden. Bei dem Ringrichter-Richtungshörer waren vier über Kreuz angeordnete Hörtrichter verbunden. Die Hörtrichter waren mit Schläuchen und Hörern für die Richtungshörer-Bedienung versehen. Die Bedienung, jeweils eine Person für die vertikale und eine für die horizontale Achse, konnte durch die akustische Wahrnehmung der Motorengeräusche anfliegender Flugzeuge aufklären und die Richtung bestimmen. Die erfassten Informationen wurden dann an die Flakbatterie weitergegeben. Mit der Erfindung des Radars und der Funkmessung wurde diese Technik weitestgehend abgelöst.

Abb. 12 **Ringrichter-Richtungshörer in Ostfriesland**

Bei dem Scheinwerfer in Osteel handelte es sich um einen 150cm Flak-Scheinwerfer vom *Typ 37*. Dieser Scheinwerfer war auf einem Sockel angebracht, der das Schwenken um 360° in der Seite und 90° in der Höhe ermöglichte. Bei klarem Wetter war eine Reichweite in der Waagerechten von 10.000 m möglich und 12.000 m bei 90° Erhöhung nach oben. Zur Bedienung waren 6 Personen erforderlich.[32] Die Stromversorgung wurde über einen mit Treibstoff betriebenen Maschinensatz (Stromaggregat) sichergestellt.

Abb. 13 150cm Flakscheinwerfer in Ostfriesland

---

[32] Vgl.: Friese, Jürgen u. Röben, Bernd: Die Festung Norderney im zweiten Weltkrieg DAWA Sonderband 6, Deutsches Atlantikwall-Archiv-Verlag, 2012, S.32

2.1.1.2 Standorte der Stellungen in Osteel

Die Flugabwehrbatterie hat sich auf den Ländereien zwischen dem „Reithammerweg" in Osteel und dem „Hingstlandsweg" in der ehm. Ortschaft Tjüche (heute Teil der Ortschaft Marienhafe) befunden. Die exakte Verortung der Einrichtungen konnte leider nicht mehr vorgenommen werden, es konnte lediglich der Bereich abgesteckt werden. In diesem Bereich befand sich die Feuerstellung der 7. Batterie des Flak-Regimentes 26 mit den vier 8,8cm Flugabwehrkanonen, die Messstaffel mit den Kommandogeräten, die Funkstelle der Nachrichtenstaffel und einige Baracken.

Im Kartenausschnitt ist der beschriebene Bereich, in dem sich die Flugabwehrbatterie befunden hat, mit roten Linien eingezeichnet. Ebenfalls eingezeichnet ist die Funkstellung, diese ist durch einen roten Punkt südlich der Flugabwehrbatterie gekennzeichnet. Die Funkstellung befand sich in einem Gewächshaus auf dem Grundstück des dort-

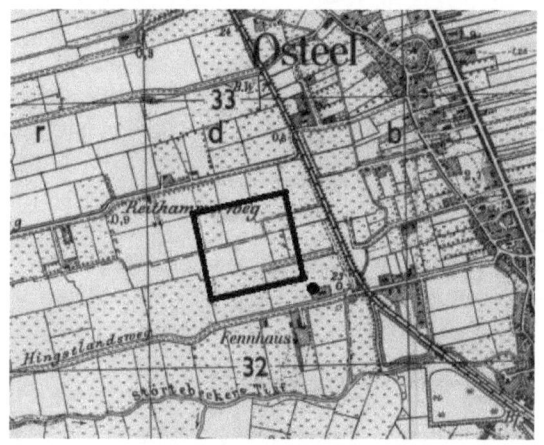

igen Wohnhauses am „Hingstlandsweg 38", das zugehörige kleine Stromaggregat für das Funkgerät befand sich ebenfalls auf dem Grundstück am Hingstlandsweg. Das Wohngebäude ist heute noch existent, das damalige Gewächshaus allerdings nicht. Anhand der eingezeichneten Markierungen ist gut zu erkennen, dass sich die Batterie sowohl in Osteel als auch in Tjüche bzw. Marienhafe befunden hat. Zeitzeugen berichteten allerdings, dass sich die Flugabwehrgeschütze auf den markierten Ländereien eher südlich, in Richtung des Hingstlandsweges befunden haben. Die Batterie befand sich u.a. auf den Weideländereien, die im Besitz des Landgebräuchers Karl Ewen in Osteel und des Landwirtes Johann Vienna in Tjüche waren.[33]

---

[33] Vgl.: NLA AU, Rep. 36, acc. 2004/58 Nr. 1845 u. 1846

Beide Grundbesitzer stellten daraufhin einen Antrag auf Entschädigung aufgrund des Reichsleistungsgesetzes, dazu mehr im Folgenden dieses Abschnittes. Die weiteren Teile zur Feuerleitung in Form von Scheinwerfer und Richtungshörer befanden sich am „Moortunweg" in Osteel. Hier waren mindestens ein 150cm Scheinwerfer und ein Ringrichter-Richtungshörer der III. Abteilung des Flak-Regimentes 26 aus Oldenburg stationiert.[34] Die Stromversorgung wurde durch einen Maschinensatz (Generator) sichergestellt, dieser befand sich direkt an der Straße östlich des heutigen Vereinsheimes des *Freesensport Osteel e.V.* (Moortunweg 7A). Die armdicken Stromleitungen wurden entlang des Entwässerungsgrabens zu der Scheinwerfer- und Richtungshörerstellung verlegt. Der Scheinwerfer und der Richtungshörer befanden sich hintereinander auf einer Weide nördlich des Moortunweges. Diese Stellungen wurden ebenfalls, wie auch die der Flugabwehrbatterie, nur feldmäßig errichtet. Nicht direkt an der Straße, sondern leicht nördlich des Moortunweges auf dem Feld befand sich eine große Wehrmachtsbaracke, die als Unterkunft für die Soldaten diente. Dadurch konnten Scheinwerfer und Richtungshörer immer innerhalb von kürzester Zeit besetzt werden.

Die exakte Verortung der Stellung am Moortunweg konnte dank relativ detaillierten Zeitzeugenaussagen ziemlich genau vorgenommen werden. Im nebenstehenden Kartenausschnitt sind die Objekte der Stellung eingezeichnet. Die beiden schwarzen Punkte stellen den Scheinwerfer und den Richtungshörer dar, die sich hintereinander an der Feldgrenze befunden haben. Landeinwärts lag der Scheinwerfer ca. 3m hinter dem Grundstück des heutigen Wohnhauses am „Moortunweg 7", der 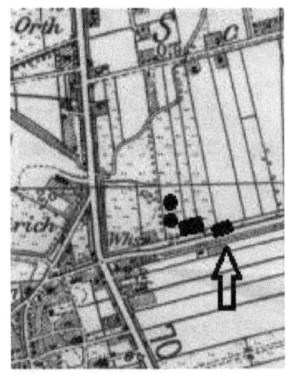 Ringrichter-Richtungshörer befand sich in kurzer Distanz direkt dahinter. Die etwas größere schwarze Fläche stellt die große Wohnbaracke dar, die kleinere schwarze Fläche (Pfeil) den Stromgenerator. Die heutige Bebauung durch Wohnhäuser auf der Ecke zwischen „Brookmerlander Straße" und „Moortunweg" war 1939 in dem Maße noch nicht vorhanden, wie auch auf dem zeitgenössischen Kartenausschnitt erkennbar.

---

[34] Qu.: Gerdsen, Hans u. Jannßen, Enno: Zeitzeugen-Erinnerungen Osteel, Interview 01/2016

Scheinwerfer und Richtungshörer befanden sich also „auf freiem Feld". Der Scheinwerfer und auch der Richtungshörer der III. Abteilung am „Moortunweg" befanden sich bereits vor Kriegsbeginn in der Stellung, im Gegensatz zur Flugabwehrbatterie der II. Abteilung am „Reithammerweg", die erst im Herbst 1939 Stellung bezog.

2.1.1.3 Feindflugzeuge unter Beschuss

Wurde ein Einflug von feindlichen Flugzeugen oder Flugzeugverbänden gemeldet, wurden diese als erstes durch den Ringrichter-Richtungshörer am „Moortunweg" soweit wie möglich geortet. Die erfassten Daten wurden dann bei Bedarf aufgrund von Dunkelheit, Witterung, Nebel o.ä. an die Scheinwerfer weitergegeben. Diese beleuchteten dann die aufgeklärten Flugzeuge anhand der Daten der Richtungshörer-Bedienung. Die Verwendung von Scheinwerfern war zwingend erforderlich, da Angriffe oft nachts stattfanden. Bereits am 4.9.1939, vier Tage nach Kriegsbeginn, wurde in der Nacht um 00:30 Uhr die erste englische Feindmaschine mit Kurs auf Bremen über Emden gesichtet.[35] Die Beleuchtung der Feindflugzeuge hatte außerdem den Nebeneffekt, dass die Besatzung der Feindmaschine geblendet wurde und somit ein gezielter Abwurf von z.B. Bomben erschwert wurde.

Nach der Erfassung der Feindmaschinen durch den Richtungshörer und gegebenenfalls Beleuchtung durch die Scheinwerfer am „Moortunweg", richtete der Messtrupp I, der sich ca. 100 m seitlich der Feuerstellung zwischen „Reithammerweg" und „Hingstlandsweg" befand, mit dem Kommandogerät 36 auf die Feindflugzeuge an. Das Kommandogerät 36 berechnete jetzt aus den Messwerten von Seite, Höhe und Entfernung die für den Abschuss benötigten Werte wie Schussseite, Rohrhöhe und Zünderlaufzeit des Zeitzünders in der abzuschießenden Flak-Granate. Diese Daten wurden dann elektrisch über die Fernmeldekabel an die Geschütze übertragen, bei Ausfall erfolgte die Übertragung auch fernmündlich. Fiel das Kommandogerät 36 komplett aus, wurde diese Aufgabe durch das Kommandohilfsgerät 35 übernommen, welches sich beim Messtrupp II in der Mitte der Feuerstellung befand. Die Übertragung der errechneten Werte erfolgte hier in der Regel immer mündlich. Anschließend konnten die 8,8cm Geschütze von der Geschützbedienung auf die errechneten Werte nachgeführt werden.

---

[35] Vgl.: Janßen, Dietrich: M.Flak.A. 236, S. 4

Das Geschütz wurde von der Bedienung von Hand geführt, was durchaus sehr kraftaufwendig war. War alles richtig eingestellt, ausgerichtet und geladen wurde durch die Feuerleitung der Befehl „Feuer" gegeben, danach erfolgte das Kommando „Abschuss" an die Geschützbedienung durch den Geschützführer, der dann an der Reißleine für den Abschuss der Flak-Granate zog. Nach ca. 5 Sekunden Pauseninterwall, der Zeit in der die Munitionskanoniere und der Ladekanonier das Geschütz wieder schussbereit machten, ertönte erneut das Kommando „Abschuss" und der Prozess setzte sich fort. Bis zu zwei Minuten lang ließ sich diese Abschussfolge halten.

Die Flugabwehrbatterie schoss grundsätzlich geschlossen, das heißt alle vier Geschütze zusammen auf Kommando. Allerdings gab es auch differenzierte Anwendungen der sog. Feuerarten der schweren Flak. Bei der Feuerart „Gruppenfeuer" schossen die Geschütze einzeln auf besonderen Befehl, dieses wurde als „schnelles Gruppenfeuer" gegen einzelne Feindflugzeuge angewendet. Gegen diese Einzelflugzeuge wurde ebenfalls auch die Feuerart des „Feuerüberfalles" angewendet, drei Geschütze schossen in schneller Folge mit maximal einer Sekunde Unterbrechung hintereinander auf das Ziel. Gegen feindliche Flugzeugverbände wurde das „Dauerfeuer" angewendet, das heißt es wurde ununterbrochen geschossen gemäß den errechneten Werten des Kommandogerätes des Messtrupps.[36]

Die Flakbatterie in Osteel begann das erste Mal am 6. Oktober 1939, der Tag an dem der seit dem 1. September dauernde Polenfeldzug[37] endete und Adolf Hitler vor dem Deutschen Reichstag ein Friedensangebot in Richtung Westmächte stellte, während der Mittagszeit um ca. 12:00 Uhr zu feuern. Es wurden drei einfliegende Flugzeuge unter Beschuss genommen, von denen zwar keines abgeschossen, aber eines so schwer beschädigt wurde, dass es im Bereich Berumerfehn zur Notlandung gezwungen war. Die Flugzeuge kamen aus nordwestlicher Richtung und flogen in geringer Flughöhe in Richtung Emden.

---

[36] Vgl.: Skarus, Peter: Systeme der Fla und Flak bis 1945 unter: http://www.peters-ada.de/systeme.htm#8,8 (abgerufen 22.02.2016)

[37] *Polenfeldzug*: Die deutsche Wehrmacht überfiel am 1. September 1939 ohne vorherige Kriegerklärung den Westteil Polens. Ab Mitte September rückte auch die Rote Armee in den Ostteil Polen vor, um das Gebiet nach der Eroberung zwischen dem Deutschen Reich und der Sowjetunion aufzuteilen. Am 6. Oktober 1939 kapitulierten die letzten polnischen Truppen.

Der Tag, an dem die Flugabwehrkanonen zum ersten Mal schossen, blieb vielen Osteeler Bürgern gut in Erinnerung. Abgefeuerte Geschosse bildeten kleine schwarze Wölkchen in der Luft, wenn die Granate detonierte. Dieser Anblick und die dazu gehörige Geräuschkulisse wirkten sehr befremdlich auf die Bürger und viele sahen dies zum ersten Mal. Die erste Schussabgabe am 6. Oktober war gleichzeitig die Letzte.[38]

Abb. 14 schwarze „Wölkchen" von detonierenden Flak-Granaten in der Luft

Zu Feindeinflügen in den Bereich der Batterie kam es allerdings bereits vor der ersten Schussabgabe. Eines Sonntagvormittages im September befand sich die Masse der Flak-Soldaten im Gottesdienst der Osteeler Kirche, als plötzlich Feindflugzeuge überraschend einflogen. Die Feuerstellung am „Reithammerweg" blieb, bis auf 1-2 Soldaten, unbesetzt. Als die Soldaten den Gottesdienst verließen, um die Geschütze rechtzeitig zu erreichen, waren die Feindflugzeuge bereits in das Deutsche Reichsgebiet eingeflogen und außer Reichweite der 8,8cm Flugabwehrkanonen.[39]

---

[38] Qu.: Wallis, Wilhelm: Zeitzeugen-Erinnerungen Osteel, Interview 02/2016

[39] Qu.: Abegg, Erich: Zeitzeugen-Erinnerungen Osteel, Interview 04/2016

2.1.1.4 Unterbringung der Soldaten

Die Stationierung einer ganzen Flakbatterie und der dazugehörigen Feuerleiteinrichtungen in Osteel, brachte eine große Anzahl an Personal und Fahrzeugen mit sich. Alleine für den einwandfreien Einsatz und Betrieb der einzelnen 7. Batterie in Osteel wurden rund 147 Soldaten (114 Mannschafter, 30 Unteroffiziere und 3 Offiziere) benötigt.[40] Dazu kamen die Soldaten, die für den Betrieb der Scheinwerfer- und Richtungshörerstellung am „Moortunweg" zuständig waren. Deren Anzahl kann leider nicht ermittelt werden, da keine einheitliche Zuordnung für die in Osteel abgestellten Scheinwerfer- und Richtungshörer Stellungen am „Moortunweg" existiert. Es ist durchaus möglich, dass die in Osteel befindlichen Einheiten und Stellungen für die Feuerleitung zur III. Abteilung des Flak-Regiments 26 gehörten, diese bestand 1939 immerhin aus drei Batterien (11., 12. und 13.).[41] Ebenfalls könnte es nur ein Teil einer über Ostfriesland und entlang der Nordseeküste verteilten Feuerleitung durch Scheinwerfer gewesen sein. Zu dem hohen Personalbedarf kommt das hohe Aufkommen von Kraftfahrzeugen und Anhängern, da es sich bei der II. und III. Abteilung des Flak-Regimentes um motorisierte Einheiten gehandelt hat. Grob überschlagen belief sich der Umfang an Kraftfahrzeugen von nur der 7. Batterie auf ca. 27 Kraftfahrzeuge und sieben Anhänger. Es waren verschiedene Fahrzeuge wie zum Beispiel leichte geländegängige PKW („Kübelwagen"), schwere Zugkraftwagen (Halbkettenfahrzeuge) zum Ziehen der Flugabwehrgeschütze, die auf Sonderanhängern (Transportachsenanhänger) verladen waren, Sonderanhänger für Kommandogeräte und gewöhnliche Lastkraftwagen für den Transport von Munition, Verpflegung, Material und sämtlichen Bedarfgütern der Batterie.[42]

Die Abteilung mit Scheinwerfern und Richtungshörer verfügte ebenfalls über einige Fahrzeuge und Anhänger, genau beziffern lässt sich diese Anzahl, wie auch schon der Personalumfang, nicht.

[40, 42] Vgl.: KStN Flakbatterie

[41] Vgl.: Altenburger, Andreas: „LdW" (onl.) bzgl. Flak-Rgt. 26 (abgerufen 19.02.2016)

Für die Unterbringung wurden primär zwei verschiedene Möglichkeiten angewendet. Es wurden zum einen an verschiedenen Stellen einfache Holzbaracken errichtet und zum anderen wurden einige Soldaten in den Wohnhäusern bei der Osteeler Bevölkerung untergebracht. Die Osteeler erhielten für die Unterbringung von Soldaten Quartiergeld, welches pro Tag verrechnet wurde. Das Quartiergeld belief sich auf *20,- Pfennig* für jeden einzelnen Soldaten pro Tag.[43]

Wie viele der Osteeler Einwohner den Soldaten ein Quartier boten ist nicht exakt überliefert, es sind im Rahmen der Recherche nur drei Fälle bekannt geworden. Gleiches galt für die Baracken, auch hier ist eine genaue Bezifferung schwierig, da es kaum Überlieferungen gibt. Die Familie *Bogena*, damals wohnhaft in Osteel Rott IX Hausnummer 24 (heute „Alter Postweg" Nr. 86 *Kinderhaus Osteel e.V.*), nahm zwei Soldaten im Mannschaftsdienstgrad bei sich auf.[44] Es handelte sich um den Obergefreiten Joseph Pelken aus der Stadt Ibbenbüren, dieser besaß dort ein Fotostudio, und um den Obergefreiten Ihben, dessen Wohnort ist nicht bekannt. Der Obergefreite Ihben war bei der Batterie als Rechnungsführer[45] tätig, der Obergefreite Pelken als Sanitäter.[46] Der damals siebenjährige Heyo Bogena konnte sich noch sehr gut an die beiden Soldaten erinnern, es bestand allgemein ein gutes Verhältnis zwischen den Soldaten und der Familie. Die beiden Einquartierten halfen gelegentlich auf dem Hof und wurden „mütterlich" umsorgt.

Es existiert sogar eine Fotografie, die die beiden Soldaten mit ihren Frauen, einen weiteren Soldaten, zwei Landjahrmädchen[47] und die Mutter des Hauses Tatje Bogena vor dem Hauseingang des Hofes im Rott IX zeigt. Die Frauen der beiden Soldaten befanden sich zur Zeit der Aufnahme gerade auf einem Besuch ihrer Männer in Osteel, die beiden Landjahrmädchen waren ebenfalls zu der Zeit auf dem Hof untergebracht und sind auf dem Foto (S.28) gut an ihren Kleidern zu erkennen. Im Hintergrund ist ein dritter Flak-Soldat im Dienstgrad eines Fliegers zu erkennen, dieser war allerdings nicht bei der Familie Bogena untergebracht. Das Foto wurde durch Joseph Ihben in seinem Ibbenbürener Fotostudio entwickelt und an die Familie Bogena geschickt.

---

[43] Vgl.: NLA AU, Rep. 36, acc. 2004/58 Nr. 1845 u. 1846

[44, 46] Qu.: Bogena, Heyo: Zeitzeugen-Erinnerungen Osteel, Interview 12/2015

[47] *Landjahrmädchen*: Mädchen unter 25 Jahren, die ihr Pflichtjahr in der Land- oder Hauswirtschaft ableisteten und nachweisen mussten.

Abb. 15 v.l.n.r.: Soldat Ihben mit Frau, Landjahrmädchen, Tatje Bogena, dritter Soldat im Hintergrund, Landjahrmädchen und Soldat Joseph Pelken mit Frau

Ebenfalls ein Quartier für die stationierten Soldaten bot der, in direkter Nachbarschaft zu der Familie Bogena wohnende Landgebräucher Karl Ewen. Dieser wohnte in Osteel im Rott IX Hausnummer 23 (heute „Brookmerlander Straße" Nr. 1) und bot in seinem Wohnhaus insgesamt vier Soldaten, die als Kraftfahrer bei der Batterie tätig waren, Quartier. Die Fahrzeuge der Kraftfahrer befanden sich ebenfalls beim Hause der Familie Ewen. Es handelte sich, nach Aussage der Ehefrau Karl Ewens in einem Schreiben von 1942, um einen Tankwagen und drei „Hentschel-Wagen".[48] Gemeint waren drei Lastkraftwagen der Firma *Henschel & Sohn*, die eine Vielzahl an schweren Lastkraftwagen für die Wehrmacht produzierte. Die Kraftfahrzeuge richteten einen Schaden auf dem Grundstück der Familie Ewen an, da durch den Fahrbetrieb auf den Rasenflächen und die herbstlichen Witterungsbedingungen die Grasnarbe völlig zerstört wurde.[49]

[48, 49] Vgl.: NLA AU, Rep. 36, acc. 2004/58 Nr. 1845 u. 1846

Auch die Eheleute Onno und Johanne Klaaßen, damals wohnhaft im Gehöft am heutigen „Alten Postweg" Nr. 98 angrenzend an den Osteeler Friedhof, boten in ihrer Scheune ein Quartier für Soldaten der Flugabwehrbatterie. Das Wohnhaus befand sich auf der östlichen Seite des Alten Postweges, die große Scheune stand gegenüber, auf der westlichen Seite des Alten Postweges. In dieser Scheune waren die Soldaten, die genaue Anzahl ist nicht überliefert, möglicherweise 2-3 Soldaten, mit ihrem Kraftfahrzeug untergebracht. Bei dem Kraftfahrzeug handelte es sich um einen *Volkswagen Typ 62 Kübelwagen*, dieser war besonders für die Osteeler Kinder hoch interessant und bot, durch das auf der Motorhaube angebrachte Ersatzrad, ein sehr markantes Erscheinungsbild.[50] Die Halbkettenfahrzeuge (*Sonder-Kraftfahrzeuge Typ 8*, siehe Bild S.19), die als Zugfahrzeuge für die schweren Flugabwehrgeschütze dienten, wurden im Gehöft des Landwirtes Tjaden abgestellt.[51] Der Hof befand sich zwischen der Schmiede Abegg und dem Pfarrhaus. Jedoch ist dieser Hof heute nicht mehr existent und an der Stelle befindet sich der neu angelegte Osteeler Marktplatz.

Außer der Unterbringung der Soldaten bei den Osteeler Bürgern wurden durch die Wehrmacht an verschiedenen Stellen Holzbaracken errichtet. Eine dieser Baracken ist auch auf der Fotografie, auf der Seite Nummer 21 dieses Buches, zu erkennen. Eine genaue Bezifferung und Verortung der errichteten Holzbaracken lässt sich leider nicht mehr vornehmen, es sind nur zwei Standorte überliefert. Zum einen befand sich eine große Anzahl an Baracken auf den Flurstücken zwischen dem „Reithammer Weg" und dem „Hingstlandsweg" (Kartenausschnitt Seite 25), wo sich auch die Flugabwehrgeschütz-Stellungen befanden. Der Landwirt Johann Vienna bezifferte die Anzahl der Baracken auf seinem Grund auf 10-12 Stück.[52] Mindestens eine weitere große Baracke befand sich direkt bei der Richtungshörer- und Scheinwerferstellung am „Moortunweg" (Kartenausschnitt Seite 26), die den dort tätigen Soldaten Unterkunft bot.

Der Bau von Baracken direkt bei den Stellungen war sehr effektiv, da somit eine ständige und schnelle Einsatzbereitschaft gewährleistet werden konnte. Die Soldaten hingegen, die bei den Osteeler Bürgern untergebracht wurden, waren entweder selbst Kraftfahrer oder auf diese angewiesen, um zu den Stellungen gelangen zu können. Nach Abzug der Batterie wurden die errichteten Baracken zurückgelassen und gingen damit in Reichseigentum über.

Der Landgebräucher Karl Ewen bot nicht nur den Soldaten in seinem Wohnhaus Quartier, sondern musste der Wehrmacht auch seine Weideländereien zur Verfügung stellen. Selbiges galt auch für den Landwirt Johann Vienna, es handelte sich um die Flurstücke zwischen dem „Hingstlandsweg" in Marienhafe und dem „Reithammer Wege" in Osteel. Die Flugabwehrbatterie stand dort in Stellung und baute zusätzlich eine Vielzahl an Holzbaracken. Aufgrund der Nutzung der Flurstücke durch die Wehrmacht entstanden einige Schäden in Form von Beschädigungen der Rasenfläche durch z.b. Wagenspuren, außerdem kam es zum Nutzungsausfall der Weideflächen. Ewen und Vienna stellten Ende Oktober 1939, nach Abzug der Flugabwehrbatterie, einen Antrag auf „*Entschädigung für Flurschäden infolge von Truppenübungen*" aufgrund des §27 Reichsleistungsgesetztes vom 1. September 1939.[53]

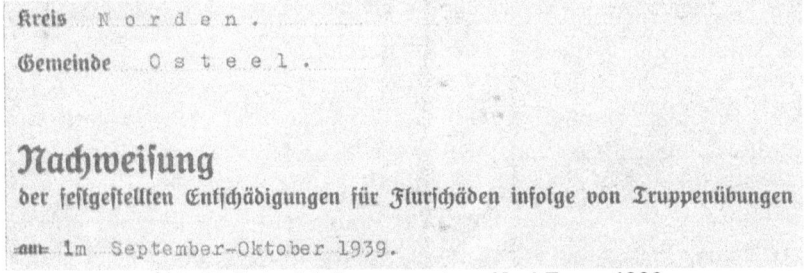

Abb.16 Entschädigungsantrag Karl Ewen 1939

Direkt nach Abschluss der „Truppenübung" hatte der Bürgermeister die Geschädigten zur Anmeldung der Entschädigungsforderungen aufzurufen. Im Verlaufe dieser Anmeldung musste der Bürgermeister einen Vordruck ausfüllen, der verschiedene Informationen im Bezug auf den entstandenen Schaden enthielt. Es handelte sich um Angaben wie Name, Stand und Wohnort des Geschädigten, Gegenstand der Entschädigung, Angaben über das zu entschädigende Grundstück (Flurnummer, Fläche), nähere Angaben zum Schaden sowie welchen Schadensersatz der Geschädigte forderte. Außerdem war die Abschätzung des entstandenen Schadens erforderlich. Im Folgenden Auszüge aus dem Entschädigungsantrag des Landgebräuchers Karl Ewen von 1939.[54]

---

[50] Qu.: Bogena, Heyo: Zeitzeugen-Erinnerungen Osteel, Interview 01 u. 02/2016

[51] Qu.: Abegg, Erich: Zeitzeugen-Erinnerungen Osteel, Interview 04/2016

[52, 53, 54] Vgl.: NLA AU, Rep. 36, acc. 2004/58 Nr. 1836, 1845 u. 1846

Nachweisung der festgestellten Entschädigungen in der Gemarkung O s t e e l

Lfde. Nr.	Name, Stand und Wohnort der Geschädigten	Gegenstand der Entschädigung (z. B.: „Roggensaat"	Kataster oder sonstige Bezeichnung des beschädigten Grundstücks			Flächen-inhalt		Davon sind be-schädigt		Forderung des Ge-schädigten	
			Flur	Nr.	a	qm	a	qm	R.M	Pf
1	2	3	4			5		6		6 a	
1	B w e n , Karl , Landgebräucher , Osteel Rott IX 23.	Weide und Wiese	18			55	50	55	50	120	oo

Abb. 17 Nachweisung der festgestellten Entschädigung (Seite 1, links)

Kreis N o r d e n

Nähere Angaben des durch die Truppenübung verursachten Schadens an Körnern, Heu, Weide, Bestellungskosten usw. (zum Beispiel: 00 Hektoliter)		Einheits-preise	Betrag der zu leistenden Ent-schädigung		Summe der an die einzelnen Ge-schädigten zu zahlenden Beträge		Angabe, ob die Entschädigung durch Einigung oder auf Grund förmlicher Ab-schätzung fest-gestellt ist	Empfangsbescheinigung des Geschädigten durch Unterschrift neben den Entschädigungsbeträgen
			R.M	Pf	R.M	Pf		
7		8	9		9 a		10	11
Vernichtung des Graswuchses,Verlust der Weidenutzung,			–	– 120	oo	120	oo	

Abb. 18 Nachweisung der festgestellten Entschädigung (Seite 2, rechts)

Die Angaben über die Beschädigungen beziehen sich auf die entstandenen Flurschäden an den Weideländereien, die durch die Flak-Stellungen, den Bau von Baracken und durch das Befahren mit schweren Kraftfahrzeugen entstanden sind sowie auf die Vernichtung der Grasnarbe am Wohnhaus der Familie Ewen durch die Kraftfahrzeuge der Batterie. Nach Anmeldung der Entschädigungsforderung beim damaligen Osteeler Bürgermeister Itzenga, verfasste Karl Ewen am 17. November 1939 einen handschriftlichen Antrag, der zuerst durch den Osteeler Bürgermeister an den Norder Landrat geschickt wurde, dieser leitete daraufhin die Eingabe weiter an das Flak-Regiment 26 in Oldenburg. Der Antrag enthielt folgenden Wortlaut:[55]

---

[55] Vgl.: NLA AU, Rep. 36, acc. 2004/58 Nr. 1845 u. 1846

35

„Antrag

Aufgrund des Reichsleistungsgesetzes beantrage ich hiermit die Wieder-gutmachung der Schäden auf meinem Hausgrundstück, verursacht durch die Kraftfahrzeuge der 7. Batterie / Flak 26. Die Wehrmacht hatte versprochen alles wieder in Ordnung zu bringen und sagte bei Stellungswechsel würde das bezahlt werden. Ich dachte aufs Militär kann man sich verlassen. Dann rückten sie ab und lassen bis jetzt nichts von sich hören. Ich hatte alles schön grün beim Hause, im Sommer brauche ich das Gras notwendig als Schweinefutter, jetzt muss ich Sand auffahren lassen und den Rasen neu ansähen. Ich bitte daher um eine Entschädigung. Außerdem habe ich 4 Kraftfahrer in Quartier gehabt. In der besten Stube von Ende September bis Ende Oktober und habe den Leuten alles zur Verfügung gestellt. Der Rechnungsführer der Batterie Ihben hatte wiederholt gesagt „Ihr bekommt pro Mann und Tag 20,- Pfennig" bis jetzt jedoch habe ich nichts erhalten, ich bitte auch hier um Berücksichtigung.

Nun erlaube ich mir als alter Soldat und Frontkämpfer jetzt einen Vorschlag, ich war 6 ½ Jahre Soldat und 2mal schwer verwundet, und habe hier als einer der Ersten den Kampf für Adolf Hitler aufgenommen, obschon ich jetzt nicht mehr in der Partei bin habe ich stets meine Pflicht getan, dies jedoch nur so nebenbei.
Nun hat die Batterie in den verlassenen Stellungen verschiedene Baracken stehen lassen, welche sich sehr gut als Hühnerstall eignen, mir anstelle der Entschädigung und Quartiergelder eine dieser Baracken zu überlassen. Ich bitte nochmals höflichst um Berücksichtigung mit Heil Hitler,

Karl Ewen, Landgebräucher Osteel 23"

Nach Eingang dieses Schreibens beim Batteriechef der 7. Batterie des Flak-Regimentes 26 in Oldenburg, Hauptmann Steffeinski, wurde der Vorschlag Ewens abgelehnt. Die Baracken befanden sich nicht mehr im Besitz der Batterie und konnten somit auch nicht zur Nutzung als Hühnerstall überlassen werden. Allerdings erhielt Karl Ewen am 11.12.1939 ein Quartiergeld in Höhe von *15,20 Reichsmark* für die Unterbringung der vier Kraftfahrer. Eine Entschädigungszahlung für die Flurschäden wurde noch nicht gezahlt, da der Schaden erst durch die örtlichen Polizeibehörden abgeschätzt werden sollte. Dieses geschah allerdings erst Ende 1941, die

Kreisbauernschaft schätze den Gesamtschaden auf 120 Reichsmark. Die Forderungssumme setzte sich aus der Entschädigung für den Weideausfall (40 Reichsmark pro Jahr, für das Jahr 1940 und 1941 insgesamt 80 Reichsmark) und dem Arbeitsaufwand für das Einplanieren der eingeweichten Wagenspuren und Neueinsaat der beschädigten Fläche zusammen. Jedoch kam es erneut nicht zu einer Auszahlung der Entschädigungssumme woraufhin die Ehefrau Karl Ewens am 21. Mai 1942 beim Landratsamt Norden erschien und um Abschluss des Verfahrens und der damit verbundenen Entschädigungszahlung bat. Das Verfahren wurde letztendlich erst am 10. Februar 1943 mit der Auszahlung der ausstehenden Entschädigungssumme abgeschlossen. Der Schaden wurde anschließend folgendermaßen zusammengefasst:

„Das in ihrem Eigentum stehende Weideland belegen in der Gemeinde Osteel wurde im Herbst 1939 für die Aufstellung von Baracken von einer Wehrmachtseinheit in Anspruch genommen. Der Graswuchs wurde dadurch vernichtet und die Weidenutzung unmöglich gemacht. Der Nutzungsverlust trat in den Jahre 1940 und 1941 in Erscheinung."

Die Entschädigungszahlung in Höhe von 120 Reichsmark erfolgte durch das Luftgaukommando XI Hamburg, dreieinhalb Jahre nach Abzug der Flugabwehrbatterie.[56]

Der Landwirt Johann Vienna meldete Ende 1939, nach Abzug der Flugabwehrbatterie aus den Stellungen auf seinen Weideländereien zwischen Osteel und Marienhafe, ebenfalls die Entschädigungsforderungen bei dem zuständigen Bürgermeister in Upgant-Schott an, um nach dem Reichsleistungsgesetz eine Entschädigung geltend zu machen. Auch hier füllte der Bürgermeister gemäß vorgeschriebener Verfahrensweise den erforderlichen Vordruck aus, der mit Informationen über den entstandenen Schaden befüllt werden musste. Wie auch bei der Entschädigungsforderung des Landgebräuchers Karl Ewen wurde das Entschädigungsverfahren nicht weiter bearbeitet. Johann Vienna schrieb aus diesem Grund am 12. August 1941, fast zwei Jahre nach Abzug der Flugabwehrbatterie, einen Brief an das Landratsamt Norden:[57]

[56, 57] Vgl.: NLA AU, Rep. 36, acc. 2004/58 Nr. 1836, 1845 u. 1846

37

„An das Landratsamt Norden

Im Herbst 1939 hat in meinen Weideländereien in der Gemeinde Tjüche eine Flakbatterie etwa 6 Wochen in Stellung gestanden. Während dieser Zeit konnte die Weide nicht benutzt werden, auch wurden durch den Bau von etwa 10-12 kleinen Baracken und durch zerfahren der Grasnarbe, Beschädigungen der Einfriedung usw. Schaden angerichtet. Ich habe seinerzeit Antrag auf Entschädigung gestellt, bis jetzt aber noch keinerlei Bescheid darüber erhalten. Bitte deshalb um Mitteilung, ob und wann die Sache geregelt wird.

Upgant, den 12. August 1941, Joh. Vienna"

Auf dieses Schreiben erhielt Johann Vienna allerdings keine Antwort, woraufhin er am 2. April 1942 ein erneutes Schreiben mit ähnlichem Inhalt aufsetzte und an das Landratsamt Norden schickte. Daraufhin benachrichtigte das Landratsamt Norden erst am 10. Februar 1943 den Upgant-Schotter Bürgermeister, mit der Aufforderung erneut einen Vordruck *„Entschädigung für Flurschäden infolge von Truppenübungen"* auszufüllen. Über den weiteren Verlauf des Entschädigungsverfahren liegen keine Aufzeichnungen vor, auch nicht darüber ob das Verfahren überhaupt zum Abschluss gebracht wurde und die Entschädigungsleistung gezahlt wurde.[58]

Über die exakte Dauer des Aufenthaltes der 7. Batterie mit Flugabwehr-kanonen der II./ und der III. Abteilung, diese mit Scheinwerferstellungen, des Flak-Regimentes 26 in Osteel/Marienhafe gibt es keine Aufzeichnungen. Im Verlauf der Entschädigungsverfahren beschreibt Karl Ewen den Aufenthalt von Ende September bis Ende Oktober und Johann Vienna erwähnt, dass sich die Batterie für ca. 6 Wochen in seinen Weideländereien befunden hat. Die Frau Karl Ewens beschrieb den Zeitraum, als Teil ihrer Aussage beim Norder Landrat im Mai 1942, sogar mit Oktober/November 1939. Rechnet man das Quartiergeld in Höhe von 15,20 Reichsmark, welches Karl Ewen für die vier Kraftfahrer erhielt zurück, dann ergibt sich bei einem Satz von 20 Pfennig pro Mann und Tag eine Gesamtzeit von nur 19 Tagen.[59]

[58, 59] Vgl.: NLA AU, Rep. 36, acc. 2004/58 Nr. 1836, 1845 u. 1846

Am Donnerstag den 5. Oktober 1939 kam es in der Osteeler Schule zu einer Änderung des Stundenplanes, da das Militär ab diesem Tage zwei Klassenräume in Anspruch genommen hatte. Dieser Umstand wurde am gleichen Tage in einem Brief an den Herrn Schulrat in Norden weitergegeben. Der Brief enthielt folgenden Wortlaut:[60]

„Änderung des Stundenplanes am 5.10.1939

An den Herrn Schulrat in Norden,

Ich habe mit dem heutigen Tag den Unterricht der ersten Klasse auf den Nachmittag (13 bis 18 Uhr) verlegen müssen, da zwei Klassenräume durch das Militär beansprucht wurden. Der Unterricht in den beiden anderen Klassenräumen bleibt von dieser Einquartierung in zwei Klassenräume unberührt, und wird nach wie vor von 8 – 13 Uhr erteilt. In der 2. Klasse muss jedoch wegen der Durchlüftung eine halbe Stunde früher als sonst geschlossen werden.

unleserlich"

Der erste und kurz darauf der letzte Schuss der Batterie fielen anschließend am Freitag den 6. Oktober 1939 um ca. 12:00 Uhr. Es ist davon auszugehen, dass die Batterie auch erst am 5. oder 6. Oktober endgültig schießklar war, da bereits vor dem 6. Oktober Feindmaschinen über das Gebiet eingeflogen sind.[61] Die Beschlagnahmung der Klassenräume fand ebenfalls erst am 5. Oktober statt.

Insgesamt wurden die Soldaten während ihres Aufenthaltes von der Osteeler Bevölkerung nicht immer als positiv wahrgenommen. U.a. die Euphorie nach dem schnellen Sieg über Polen im September 1939 sorgte für Disziplin- und Respektlosigkeit bei den „siegreichen" Soldaten. Darstellbar z.B. an dem Fall, als die örtliche Gendarmerie zwei Soldaten, die sich mit ihren Krädern in Tjüche bewegten, anhalten wollte. Diese Routinekontrolle gipfelte in einer handgreiflichen Auseinandersetzung in dessen Verlauf die beiden Gendarmen von den Soldaten in den an die Straße grenzenden Entwässerungsgraben befördert wurden.[62]

Als die Batterie der II./Flak-Regiments 26 im September 1939 in Osteel und Marienhafe Stellung bezog, unterstand sie dem Luftverteidigungskommando 3 mit Sitz in Hamburg und dem Generalleutnant Ottfried Sattler als Kommandeur. Das Luftverteidigungskommando 3 wurde am 1. August 1939 in Hamburg aufgestellt und war für die Luftverteidigung Hamburgs und der nordwestdeutschen Küstengebiete zuständig und führte alle dort befindlichen

Flak-Verbände. Diesem Kommando unterstand die II. Abteilung Regimentes allerdings nur bis zum 3. Oktober 1939, ab diesem Zeitpunkt unterstand es dem neu aufgestellten Flak-Korps II (Ab Ende 1940: II. Flak-Korps) unter dem General der Flieger Otto Deßloch. Das Flak-Korps II sollte nach Beendigung des Polenfeldzuges im Oktober 1939 die Luftsicherung der 6. Armee der Heeresgruppe B übernehmen. Die Heeresgruppe B, vor der Umbenennung am 10. Oktober 1939 noch Heeresgruppe A, wurde nach dem Einsatz im Polenfeldzug an die Westfront verlegt. Im Falle eines deutschen Angriffes auf die westeuropäischen Länder, sollte das Flak-Korps II die Sicherung der 6. Armee übernehmen. Es kam jedoch nicht sofort zu solch einem Angriff, dieser fand erst am 10. Mai 1940 mit dem Beginn des Westfeldzuges[63] statt, bei dem das Flak-Korps II letztendlich auch die Luftsicherung der 6. Armee übernahm.[64]

Die in Osteel und Marienhafe stationierten Teile der II. Abteilung des Flak-Regimentes 26 waren somit, nach der Unterstellung durch das Flak-Korps II, dem Abzug aus Osteel und der Verlegung, im Mai 1940 am Westfeldzug beteiligt. Nach dem Westfeldzug und der Stationierung in Calais (Frankreich) nahm die II./Flak-Regiment 26 am Russlandfeldzug[65] teil, der am 22. Juni 1941 mit dem Unternehmen „Barbarossa"[66] begann. Als der zweite Weltkrieg im Mai 1945 endete, befand sich die Abteilung in Belluno (Italien) und ging dort in Kriegsgefangenschaft.[67]

Abb.19 Flak-Regiment 26 auf dem Vormarsch in Russland 1941

Die 7. Batterie II./Flak-Regiment 26 stand vor der Verlegung nach Osteel ab August 1939 bereits auf den Ländereien des Landwirtes Gerhard Hagena in Hagermarsch. Im Altkreis Norden war die 7. Batterie zu dieser Zeit nicht die einzige Flakbatterie der II./Flak-Regiment 26. Die ebenfalls aus Oldenburg stammende 10. Batterie der II. Abteilung stand während des Aufenthaltes der 7. Batterie in Hagermarsch und Osteel in der Marsch bei Uelkebült (Hagermarsch) in Stellung. Diese Batterie verblieb noch bis 1940 in ihren Geschützständen.[68]

Nach Abzug der Luftverteidigungskräfte der II. und III. Abteilung des Flak-Regimentes 26, die im Herbst 1939 mit schweren Flugabwehrgeschützen und Feuerleiteinrichtungen in Stellung standen, aus Osteel und Marienhafe wurden im weiteren Verlauf des zweiten Weltkrieges keine aktiven Flugabwehreinheiten erneuert in Osteel stationiert.

Es kam jedoch noch nach Kriegsende zur Berührung mit Hinterlassenschaften der Flakbatterie in Osteel. Am 4. August 1955 fand der Gemeindearbeiter Karl Lohnert, damals wohnhaft in Osteel, bei der Reinigung des Entwässerungsgrabens auf Höhe der Besitzungen des Bauern Lütjen eine nicht detonierte Flakgranate. Die Granate wurde daraufhin am 6. August durch das Bombenräumkommando abgeholt.[69]

---

[60] Vgl.: NLA AU, Rep. 36, Nr. 780

[61] Vgl.: Janßen, Dietrich: M.Flak.A. 236, S. 4

[62] Qu.: Abegg, Erich: Zeitzeugen-Erinnerungen Osteel, Interview 04/2016

[63] *Westfeldzug*: Militärische Offensive der deutschen Wehrmacht vom 10. Mai bis 25. Juni 1940 und erfolgreicher Besetzung der Niederlande, Belgien, Luxemburg und Frankreichs.

[64] Vgl.: Hummel, Karl-Heinz: Die deutsche Flakartillerie 1935-45, VDM Heinz Nickel-Verlag, 2010, S. 22-28

[65] *Russlandfeldzug*: Begonnen am 22. Juni 1941 mit dem Angriff des Deutschen Reiches auf die Sowjetunion und wurde erst mit der bedingungslosen Kapitulation der Wehrmacht am 8. Mai 1945 beendet.

[66] *Unternehmen „Barbarossa"*: Deckname für den Überfall der deutschen Wehrmacht auf die Sowjetunion

[67,] Vgl.: Altenburger, Andreas: „LdW" (online) bzgl. Flak-Rgt. 26 (abgerufen 19.02.2016)

[68] Vgl.: NLA AU, Rep. 36, acc. 2004/58 Nr. 1845

[69] Vgl.: NLA AU, Rep. 17/2, Nr. 987

2.1.2 Geplante Flugabwehrstellungen 1945

Ein letzter verzweifelter Versuch die ständigen Tieffliegerangriffe von alliierten Jagdflugzeugen zu bekämpfen, wurde Anfang des letzten Kriegsjahres 1945 getätigt. Im März 1945 begannen Vorbereitungsmaßnahmen, um mindestens zwei 2cm Flugabwehrgeschütze auf einem Landstück am „Adeweg" zu installieren. Es wurden auf dem Landstück, welches im Norden an den „Adeweg" und im Westen an die „Brookmerlander Straße" (heutige B-72) grenzt, mindestens zwei Stellungen ausgehoben, die sich in ca. 200m Entfernung zur „Brookmerlander Straße" befanden. Ausgehoben wurden zwei runde Löcher, jeweils mit einem Durchmesser 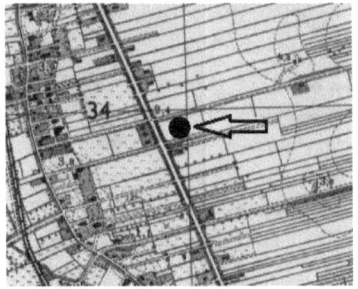 von ca. 6m und einer Tiefe von ca. 1,30m. In die Seitenwände dieser Stellungslöcher wurden Holzkisten eingelassen, um dort Lagerraum für Munition zu schaffen.[70] Diese Bauweise war während des Krieges eine gängige Praxis zur feldmäßigen Errichtung von Flugabwehrstellungen. Bei den, für die ausgehobenen Stellungen vorgesehenen Flugabwehrkanonen, handelte es sich um 2-cm-Flak-Vierling 38. Einst für den Einsatz auf Schiffen der Kriegsmarine konzipiert, wurden die ersten Geschütze dieses Typs im Mai 1940 ausgeliefert und fanden breite Anwendung in der Abwehr von Tieffliegern. Die vierläufige Waffe hatte eine theoretische Schussfolge von 1800 Schuss/min, im realen Einsatz betrug diese allerdings nur rund 800 Schuss/min. Trotzdem war das Geschütz aufgrund seiner schnellen Schussfolge beim Gegner sehr gefürchtet. Die Geschützbedienung bestand in der Regel aus sieben Personen. Der Richtschütze richtete die Waffe mithilfe von zwei Handrädern an, der Kanonier konnte mithilfe von zwei Fußpedalen die Feuerart auswählen. Betätigte dieser nur ein Fußpedal, schossen jeweils nur zwei Rohre, betätigte er beide Pedale, schossen alle vier Rohre gleichzeitig. Des Weiteren standen der Geschützbedienung verschiedene Visiereinrichtungen zur Verfügung.[71] Zu einer tatsächlichen Bestückung mit Flakgeschützen kam es in den Stellungen am „Adeweg" allerdings nie. Die ausgehobenen Löcher wurden nach Kriegsende wieder verfüllt.

---

[70] Qu.: Wallis, Wilhelm: Zeitzeugen-Erinnerungen Osteel, Interview 02/2016

[71] Vgl.: Altenburger, Andreas: „Lexikon der Wehrmacht" unter: http://www.lexikon-der-wehrmacht.de/Waffen/flugabwehrwaffen.htm (abgerufen 19.02.2016)

*Abb.20 **2-cm-Flak-Vierling 38***

*Abb.21 **Flak-Vierling in Stellung auf freiem Feld, wie in Osteel geplant***

2.2 Landverteidigung

In den ersten Kriegsjahren blieb der Aus- und Aufbau von Verteidigungs-anlagen- oder Einrichtungen gegen landgebundene Angriffskräfte in Osteel völlig aus. Es bestand kein Bedarf, da nicht mit einem Angriff der Alliierten zu rechnen war. Dies änderte sich jedoch spätestens im Juni 1944, nachdem die Alliierten am 6. Juni 1944 im Zuge der „Operation Overloard"[72] erfolgreich in der von den Deutschen besetzten Normandie landeten. Die strategische Lage des Deutschen Reiches verschlechterte sich stetig, die Fronten rückten immer näher an das Reichsgebiet. Bereits am 14. September gelang es den Alliierten bei Aachen durch den Westwall[73] zu brechen, allerdings wurden sie anschließend durch deutsche Kräfte abgewiesen.

2.2.1 Osteel im Ausbau der Küstenverteidigung 1944

Nachdem die Alliierten am 6. Juni 1944 den Atlantikwall[74] in der Normandie durchbrachen, befürchtete die deutsche Führung auch eine weitere Landung der Alliierten an der deutschen Nordseeküste, woraufhin eine Überprüfung der Verteidigungsbereitschaft durchgeführt wurde. Obwohl eine Landung von See her große Schwierigkeiten bedeutet hätte, wurde eine Landung an der deutschen Nordseeküste von der Führung durchaus für möglich erachtet. Der Oberbefehlshaber des Marineoberkommandos der Nordsee legte via Fernschreiben am 8. Juni 1944 eine Lagebeurteilung über die „Verteidigungsbereitschaft der deutschen Nordseeküste" vor.[75] Im Kern bezieht sich diese Lagebeurteilung auf die Erkenntnisse über Alliierte Angriffs- und Landetaktiken, die aus der alliierten Landung in der Normandie am 6. Juni 1944, gewonnen wurden. Der Bericht stellte deutlich klar, wie stark der Ausbau der deutschen Nordseeküste in der Vergangenheit vernachlässigt worden war.

---

[72] *„Operation Overloard"*: Deckname für die Landung der Westalliierten in Nordfrankreich am 6. Juni 1944

[73] *Westwall*: Militärisches Verteidigungssystem entlang der Westgrenze des deutschen Reiches von der niederländischen bis zur Schweizer Grenze

[74] *Atlantikwall*: Deutsche Befestigungslinie entlang der Küste des Atlantiks, Ärmelkanals und der Nordsee, zum Schutz der besetzten Gebiete vor einer alliierten Landung.

[75] Vgl.: Heber, Thorsten: Der Atlantikwall 1940-1945, S. 543 u. 544

Laut der Beurteilung boten z.B. die ostfriesischen Inseln und das Festland sehr gute Möglichkeiten für den Einsatz von Luftlandetruppen, es waren für den Fall einer alliierten Luftlandung nicht genug Verteidigungsanlagen- und Truppen zur Bekämpfung vorhanden. Es fehlte an Personal für den Ausbau und die Verteidigung der Festlandküste, an Baumaterial sowie an ausreichend Waffen und Munition. Ebenfalls bemängelt wurde der nachlässige Ausbau der vor den ostfriesischen Inseln gelegenen Sandflächen im Wattenmeer, die ebenfalls große Areale für Luftlandetruppen boten. Es wurde bereits versucht diese durch technische Mittel (Pfähle, Minen etc.) auszubauen, jedoch scheiterten jegliche Versuche, da es keine Zuweisung von entsprechendem Material gab. Als Resultat dieser Lagebeurteilung wurde erfasst, dass die Verteidigungsbereitschaft im gesamten Nordseeküstenbereich nicht gegeben war. Erst zwischen dem 15. Juni und dem 15. Juli 1944 beschleunigten sich die Baufortschritte zum Ausbau der Deutschen Bucht, zuvor wurde aufgrund des mangelnden Arbeitstempos erst mit einer Fertigstellung der Anlagen im Rohbau nach einem halben Jahr gerechnet. Jedoch verbesserten sich die Baufortschritte im weiteren Verlauf nicht sonderlich, was die Vorlage der *„Baufortschrittsmeldung Ständiger Ausbau Deutsche Nordseeküste"* bestätigte.

Am 15. August 1944 lag der Ist-Stand aller geplanten Anlagen in der Deutschen Bucht erst bei 49%, die Durchführung des Verteidigungs-vorhabens oblag zu diesem Zeitpunkt der Wehrmacht und der Organisation Todt. Ebenfalls im August wurden weitere Planungen für die personelle Verstärkung zur Verteidigung der Deutschen Bucht sowie der Ausbau weiterer Stellungen angeordnet.[76] Die bis dato halbherzig durchgeführten Maßnahmen an der deutschen Nordseeküste änderten sich, als ein Führerbefehl zum Ausbau der Deutschen Bucht verfasst wurde. Adolf Hitler befahl am 28. August 1944, die deutsche Nordseeküste von den Niederlanden bis nach Dänemark besonders zu befestigen. In der Nacht zum 29. August 1944 ging folgender Befehl Adolf Hitlers (Führerweisung Nr. 62) bei der Seekriegsleitung ein:[77]

---

[76] Vgl.: Heber, Thorsten: Der Atlantikwall 1940-1945, S.545, 549 u. 552

[77] Vgl.: Hubatsch, Walter: Hitlers Weisungen für die Kriegsführung 1939-1945, Bernard & Gräfe Verlag für Wehrwesen, 1962, S.276 – 278

13. *„Ich befehle zur Verstärkung der Abwehr in der Deutschen Bucht:*

- *den Ausbau der gesamten Küste von der dänischen bis zur holländischen Grenze sowie der bisher noch nicht ausgebauten nord- und ostfriesischen Inseln. Die bereits im ständigen Ausbau stehenden Inseln sind auf volle Verteidigungsfähigkeit zu bringen.*

- *Die Erkundung und Vorbereitung aller Maßnahmen für kurzfristigen Ausbau einer zweiten Stellung die von der dänischen Grenze in einem Abstand von etwa 10 Kilometern von der Küste verläuft, einer Riegelstellung etwa im Verlauf der deutsch / dänischen Grenze, sowie weitere Riegelstellungen in Schleswig-Holstein nördlich des Kaiser-Wilhelm-Kanals. Außerdem werden durch den Wehrmachtsbefehlshaber Dänemark nördlich der deutsch / dänischen Grenze weitere in Ostwestrichtung laufende Riegelstellungen erkundet und ausgebaut.*

- *Den Ausbau leitet verantwortlich Gauleiter Kaufmann, der hierzu die verfügbaren Mittel und die OT (Organisation Todt) einsetzt.*

- *Die Leitung der rein militärischen Aufgaben übernimmt nach Weisung OKW/WFSt (Oberkommando der Wehrmacht / Wehrmachtsführungsstab) der OB MOK Nord (Oberbefehlshaber Marineoberkommando Nord) als Befehlshaber für die Verteidigung der deutschen Nordseeküste. Unter diesem ist stellvertretend das Generalkommando X (Wehrkreis X) zur Durchführung der militärischen Aufgaben verantwortlich einzusetzen.*

2. Aufgaben:

- *Erkundung des gesamten Stellungssystems (Einschließlich Feststellung des Materialbedarfes) für ständigen und feldmäßigen Ausbau, für den die Kräftebedarfsrechnung einer für volle Verteidigung ausreichende Besatzung zur Grunde zu legen ist.*

- *Festlegung der taktischen Linienführung der Stellung im einzelnen und der*

- *Dringlichkeit im Ausbau der einzelnen Abschnitte.*

- *Bestimmung der Art des Ausbaues auf Grund der taktischen und technischen Kampferfahrungen und der verfügbaren Mittel. Hierzu sind durch stellv. Generalkommando X außer dem bereits bestehenden Erkundungsstab 3 weitere Erkundungsstäbe aufzustellen, die sich aus Offizieren aller Waffengattungen zusammensetzen. Diese werden durch das HPA (Heerespersonalamt) dem Generalkommando zugewiesen. Die für den Ausbau erforderlichen Pionierstäbe sind durch stellv. Generalkommando X aufzustellen. Diesem wird hierzu im Bereich der Deutschen Bucht eingesetzte Marine-Festungs-Pionier-Organisation für diesen Bereich und diese Aufgabe unterstellt. Darüber hinaus erforderliches Personal ist durch stellv. Generalkommando beim OKW / General der Pioniere anzufordern.*

3. *Richtlinien für den Ausbau:*

- *in erster Dringlichkeit sind auszubauen: Die Nord- und Ostfriesischen Inseln, der Küstenabschnitt gegenüber Sylt (Hindenburgdamm), die Eiderstedter Halbinsel, die Fußverteidigung Elbe-Wesermündung mit dem Küstenabschnitt von Brunsbüttel – Cuxhaven – Wesermünde bis Wilhelmshaven einschließlich der Emsmündung mit Delfzijl, in zweiter Dringlichkeit die gesamte übrige Küstenfront. Der Ausbau selbst ist so durchzuführen, dass in erster Linie ein durchgehendes Panzerhindernis und ein tiefgegliedertes Stellungssystem entstehen, das durch daneben laufenden ständigen Ausbau verstärkt wird. Besondere Richtlinien für den Ausbau werden durch das OKW / General der Pioniere und der Festung erlassen.*

- *Alle für den Ausbau eingesetzten militärischen Dienststellen und Truppen bleiben den vorgesetzten militärischen Dienststellen unterstellt. Für den reinen Arbeitseinsatz werden sie an die Anordnungen des Gauleiters gebunden.*

- *Die Erfassung der zivilen Arbeitskräfte und ihr Einsatz ist Aufgabe des Gauleiters, dem auch die Betreuung und Versorgung der eingesetzten OT (Organisation Todt) zufällt.*

- *Einsatz der OT im Rahmen des Ausbaus:*

- *Die OT wird aufgrund unmittelbarer Vereinbarungen zwischen dem Gauleiter und der OT derart eingesetzt, dass sie den nötigen Bauapparat zur Verfügung stellt und die fachliche Aufsicht bei der Ausführung der Bauarbeiten übernimmt. Verantwortlich für den Ausbau bleibt Gauleiter Kaufmann bzw. die von ihm eingesetzten Dienstellen. Zu diesen tritt jeweils die örtliche OT-Stelle als technische Abteilung.*

- *Durchführung der gesamten Materialbeschaffung wird durch „Besondere Anordnungen" geregelt.*

- *Gauleiter Kaufmann hat mir über den Leiter der Reichskanzlei sobald als möglich über die beabsichtigte Organisation des Ausbaues und die aufzubringenden Arbeitskräfte, Marine, Oberkommando Nordsee, zum 1. und 15. jeden Monats über OKW/WFSt. (Oberkommando der Wehrmacht / Wehrmachtsführungsstab) über Ausbaustand und Baufortschritt zu melden."*

Die Organisation Todt rechnete daraufhin mit einer hohen Zuführung an Baukräften und schätzte die Fertigstellung von Bauten der 1. Dringlichkeit bereits zum 1. November 1944 und die Fertigstellung von Bauten der 2. Dringlichkeit zum 1. Januar 1945. Bis zum 15. September 1944 waren die Pläne für den Ausbau von Stellungen der 2. Dringlichkeit ausgearbeitet, die 408 weitere Anlagen und zusätzlich feldmäßige Stellungen umfasste. Die ständigen Bauwerke der 1. Dringlichkeit blieben bei den ursprünglich vorgesehenen 212 ständigen Anlagen, dementsprechend erhöhte sich die Anzahl der Bauwerke des Programms entlang der Küste und auf den Inseln der Deutschen Bucht auf 620. Die Anzahl der eingesetzten Arbeitskräfte belief sich auf 5.377, doch trotzdem konnte das Soll nicht erreicht werden. Mit einer Einhaltung der prognostizierten Termine der OT zur Fertigstellung von 1. und 2. Dringlichkeitsstufe konnte nicht mehr gerechnet werden.[78]

Statt einer koordinierten Verteidigungsplanung im Bereich der Deutschen Bucht, gewährleistet durch ausreichende deutsche Luftaufklärung von in Frage kommenden „Absprunghäfen" für eine alliierte Landung, orientierte sich die militärische Führung im September 1944 bei der Planung an wahnsinnigen Durchhalteparolen Adolf Hitlers, die zur Selbstaufopferung eines jeden aufriefen.[79] Dies wurde in einem Befehl vom 16. September 1944 deutlich (Chef WFSt./Op.Nr. 0011273/44 g.Kdos.), Auszug:[80]

"Der Kampf im Westen hat auf weiten Abschnitten auf deutschen Heimatboden übergegriffen. Deutsche Städte und Dörfer werden Kampfgebiet. Diese Tatsache muß unsere Kampfführung fanatisieren und unter Einsatz jedes wehrfähigen Mannes in der Kampfzone zur äußersten Härte steigern. Jeder Bunker, jeder Häuserblock in einer deutschen Stadt, jedes deutsche Dorf muß zu einer Festung werden, an der der Feind entweder verblutet oder die ihre Besatzung im Kampf Mann gegen Mann unter sich begräbt. Es gibt jetzt kein großzügiges Operieren mehr, sondern nur Halten der Stellung oder Vernichtung."

[78, 79] Vgl.: Heber, Thorsten: Der Atlantikwall 1940-1945, S.553, 555
[80] Vgl.: BA MA Freiburg RW4/v. 828, Chef WFSt./Op.Nr. 0011273/44 g.Kdos., 16.09.1944

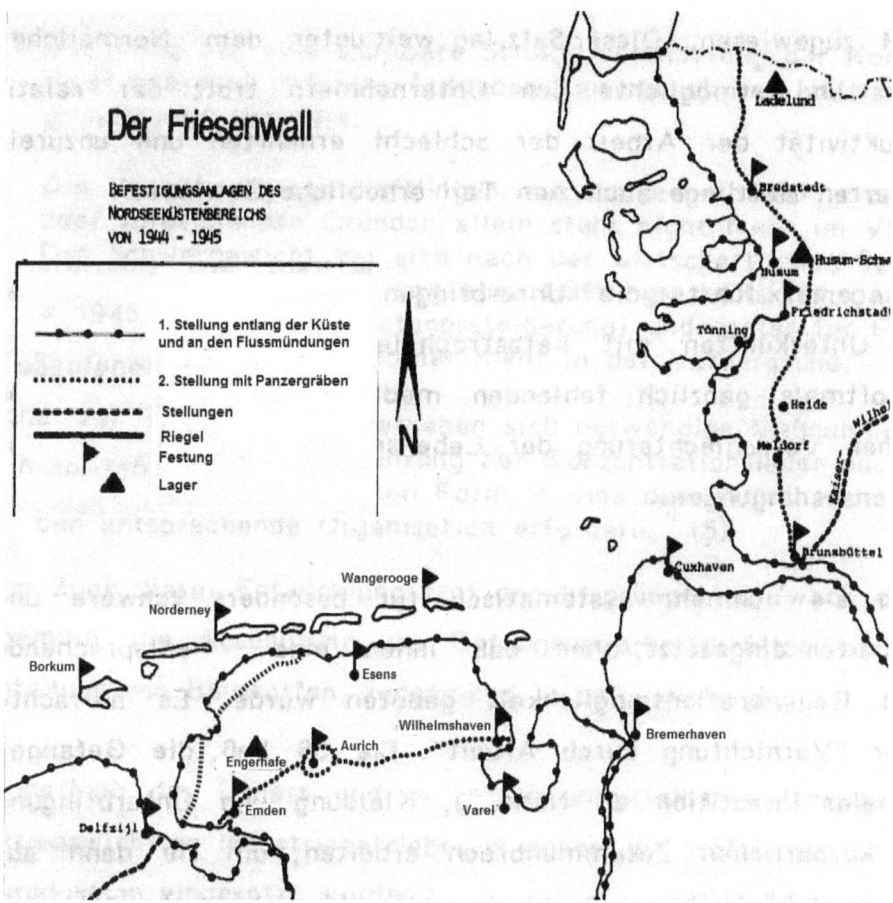

Der Friesenwall

BEFESTIGUNGSANLAGEN DES
NORDSEEKÜSTENBEREICHS
VON 1944 - 1945

1. Stellung entlang der Küste
und an den Flussmündungen

2. Stellung mit Panzergräben

Stellungen

Riegel

Festung

Lager

N

Ladelund

Bredstedt

Husum-Schw

Husum

Friedrichstadt

Tönning

Heide

Meldorf

Brunsbüttel

Cuxhaven

Wangerooge

Norderney

Borkum

Esens

Wilhelmshaven

Bremerhaven

Aurich

Engerhafe

Emden

Varel

Delfzijl

Abb. 22 *Der geplante Verlauf des Friesenwall mit Befestigungsanlagen im Bereich der Nordseeküste. Gut zu erkennen, als Teil der 2. Stellungslinie, die Panzergräben von Emden bis Wilhelmshaven, von der Ems zur Leybucht und von dort nach Dornum. Zusätzlich sind u.a. Emden, Aurich, Esens, Wilhelmshaven, Varel, Bremerhaven und Cuxhaven als Festungen markiert, ebenso die ostfriesischen Inseln Borkum, Norderney und Wangerooge. Nicht alle Maßnahmen wurden bis Kriegsende fertig gestellt und existierten oftmals nur in der Planung am Kartentisch.*

49

Der Kartenausschnitt (*Abb.22*) zeigt den geplanten Verlauf des so genannten „Friesenwall", der sich von der holländischen Nordseeküste bis nach Dänemark erstrecken sollte. Im Zuge dieses Projektes sollten zahlreiche Panzergräben gegraben sowie feldmäßige und teilweise verbunkerte Stellungen errichtet werden. Verglichen mit dem Ausbau des Atlantikwalles in Frankreich und Belgien, war das geplante Vorhaben in der Deutschen Bucht jedoch nur ein Notprogramm. Ebenfalls gut auf dem Ausschnitt zu erkennen ist, dass unter Anderem die Städte Emden, Aurich, Esens und Wilhelmshaven sowie die Inseln Borkum, Norderney und Wangerooge zu „Festungen" im Sinne der „Westfestungen" erklärt werden sollten. Dieses schlug der Führungsstab Küste am 19. November 1944 beim Wehrmachtsführungsstab des Oberkommandos der Wehrmacht vor, nachdem die Überlegungen getätigt wurden, welche Städte oder Bereiche letztendlich zur Festung ausgebaut werden sollten.[81] Zu diesem Zeitpunkt der Planung handelte es sich im ostfriesischen Raum allerdings nur um Emden, Wilhelmshaven, Borkum, Norderney und Wilhelmshaven. Die Städte und Inseln sollten mit einer starken Rundumverteidigung versehen, zur Festung erklärt und bevorratet werden. Im Falle einer erfolgten Landung der Alliierten in der Deutschen Bucht, sollten diese Festung um jeden Preis gehalten werden.

Zwei Tage später, am 21. November, legte der Inspekteur der Marine-Festungspioniere, Generalmajor Franz Habicht eine Studie vor, die sich mit der Möglichkeit befasste, Ostfriesland zu einer „Großfestung" auszubauen.[82] In dieser Denkschrift wurden einige Vorteile der zusammenhängenden Festung gegenüber mehreren Einzelfestungen genannt. Obwohl sich Großadmiral Karl Dönitz, damaliger Oberbefehlshaber der deutschen Kriegsmarine, für diesen Plan aussprach, lehnte der Wehrmachtsführungsstab des Oberkommandos der Wehrmacht am 7. Dezember 1944 den Vorschlag zum Ausbau einer „*Großfestung Ostfriesland*" ab. Grund hierfür waren der zu hohe Bedarf an Kräften und Material. Trotzdem wurde der Vorschlag bzw. Teilgedanken im Januar 1945 nochmals aufgegriffen, jedoch endete dies wieder mit einer ablehnenden Entscheidung des OKW.[83]

---

[81] Vgl.: Heber, Thorsten: Der Atlantikwall 1940-1945, S. 569
[82, 83] Vgl.: KTB Skl.A, Band 65, S. 305 u. 306

Im Zuge der geplanten Stellungen und Panzergräben im ostfriesischen Raum zur Erstellung des „Friesenwalles" kam es auch in Osteel zu Bautätigkeiten. Die Organisation Todt erbaute in der zweiten Hälfte des Jahres 1944 zwei betonierte Ringstände in der Ortschaft. Bei den Ringständen handelte es sich um verstärkt feldmäßige Regelbauten, die während des Krieges an vielen Orten (Im Bereich der Deutschen Bucht waren am 1.11.1944 bereits 831 Stück erbaut worden)[84] errichtet wurden. Im Volksmund wurde der betonierte Ringstand auch „Tobrukstand" oder „Friesentonne" genannt. „Tobrukstand", weil von italienischen Pionieren in Tobruk (Nordafrika) bereits vor dem zweiten Weltkrieg ähnliche betonierte Kleinkampfstände errichtet wurden.[85] Den Spitznamen „Friesentonne" erhielten sie aufgrund der Verwendung im „Friesenwall" Projekt. Diese Ringstände konnten mit verschiedenen Waffen ausgestattet werden, wie zum Beispiel mit einem Maschinengewehr, einem leichten Granatwerfer, Flammwerfer, Panzer-abwehrwerfer oder sie wurden als einfacher Beobachtungsposten genutzt.[86]

Abb.23 Im Ringstand: Ein Soldat mit dem Maschinengewehr MG 34

[84] Vgl.: Dr. Heber, Thorsten: Der Atlantikwall 1940-1945, S.571

[85] Vgl.: Janßen, Dietrich: Die Tobrukstände in der Stadt Emden, 2007, S.1

[86] Vgl.: Bettinger, Dieter u. Büren, Martin: Der Westwall, Bd. 1 Der Bau des Westwalls 1936-1945, Biblio-Verlag, 1990, S.222 u. 223

Bei Bestückung mit einem Maschinengewehr konnte dieses auch zur Flieger-/Tieffliegerabwehr eingesetzt werden, gleichwohl die Ringstände für diesen Einsatz nicht konzipiert wurden. Ein Vorteil war hierbei, dass der Schütze mit seiner Waffe immer rundum 360° wirken konnte. Prinzipiell waren die Ringstände als Kampfstände konzipiert und boten neben der Funktion als Feuerstellung ebenfalls Unterschlupf für einen Soldaten. Die Ringstände boten Schutz gegen leichtes Gewehr- und MG-Streufeuer, leichte Bordwaffen von Flugzeugen und Schutz vor Splittern. Eine Bombensicherheit, zumindest bei direkten Treffern, boten diese kleinen Kampfstände nicht. Der besondere Vorteil dieser Ringstände war außerdem die Bodengleichheit und die Verringerung der oberen Öffnung durch den überkragenden Rand. Ebenfalls konnte darin Schutz gegen Überfahren von Kraftfahrzeugen geboten werden. Die Kampfstände ließen sich auch leicht gegen Erd- und Luftaufklärung abtarnen.[87]

Die in Osteel erbauten Ringstände sind heutzutage beide noch existent. Beide verfügten über eine umlaufende Führungsschiene in der oberen Öffnung, die einen Durchmesser von 80cm betrug, und über einen achteckigen Kampfraum im Inneren. Diese Ringstände sind für den Einsatz von Maschinengewehren errichtet worden. In der Führungsschiene konnte ein MG via Zweibein geführt werden, wie auf der Abbildung auf Seite 51 ersichtlich, um damit schnell in verschiedene Richtungen wirken zu können. Hauptelement eines solchen Ringstandes war eine vorgefertigte Betonröhre oder ein vor Ort gegossener Korpus mit einem Innendurchmesser von ca. 1,40m und einer Höhe von ca. 1,70m, dieser wurde dann mit einem Deckel versehen, der je nach Verwendungszweck variierte. Bei den Osteeler Ringständen wurden die Korpusse direkt vor Ort mittels einer Holzverschalung an den vorgesehenen Stellen aus Beton gegossen. Der Deckel, in diesem Fall ein Deckel mit entsprechender Öffnung und Führungsschiene für die Nutzung eines MG's, wurde dann abschließend angebracht. Die Ringstände verfügten ebenfalls über eine 75cm hohe Öffnung in der Seitenwand, um diese an ein System aus Deckungs- oder Schützengräben anschließen zu können.[88]

[87, 88] Vgl.: Bettinger u. Büren: Der Westwall, Bd. 1, S.220 – 223

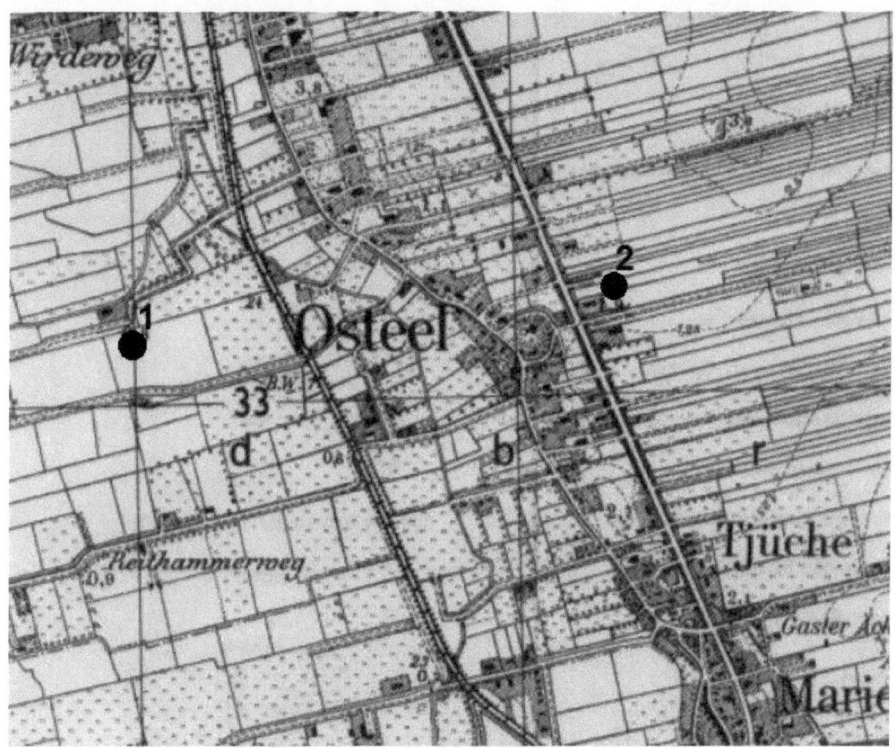

Die Ringstände sind mit Punkten markiert

Einer der beiden Osteeler Kampfstände befand sich in den Ackerländereien zwischen dem „Kämpeweg" und dem „Utlangwehrsweg", ca. 50m landeinwärts des „Kämpeweges" in Richtung Süden (**1**). Gegenüber des dort auf der anderen (nördlichen) Seite gelegenen Hofes, der auf dem Kartenausschnitt ebenfalls erkennbar ist und auch heute noch existiert.

Der Andere Ringstand befindet sich noch heute an seinem ursprünglichen Erbauungsort auf einer Weide, hinter einem kleinen Waldstück nicht weit entfernt von der Osteeler Kirche, in der Nähe des „Kirchweges" (**2**) und der „Brookmerlander Straße" B-72.

Beide Ringstände befinden sich in Privatbesitz oder auf privaten Ländereien.

*Abb.24 **Der geborgene Ringstand am „Kämpeweg"***

Der Ringstand am „Kämpeweg" befand sich, im Gegensatz zum Objekt am „Kirchweg", nach der Erbauung ebenerdig im Boden. Der Ringstand befand sich lange Zeit völlig unerkannt im Ackerboden und wurde, aufgrund der Tiefe, auch beim Pflügen nicht entdeckt. Erst im Jahr 2013 stieß ein Landwirt mit seinem Pflug gegen einen harten Widerstand im Boden, nachdem er die Pflugtiefe verändert hatte. Anschließend wurde der Ringstand durch einen Bagger geborgen und verweilt seit dem am Rande des Ackers. Bei der Entdeckung war der Kampfraum des Ringstandes mit gelbem Sand verfüllt und mit Holzbrettern abgedeckt.

Auf dem Bild ist die Öffnung für den Anschluss an ein Grabensystem gut zu erkennen. Ebenfalls erkennt man gut, anhand der Abdrücke im Beton, dass eine Art Außenverschalung durch Feldsteine bei der Erbauung verwendet wurde. Damit wollte man den Ringstand im instabilen und weichen Erdreich stabilisieren. Bei diesem Ringstand ist auch die Führungsschiene für das MG in der Öffnung noch sehr gut erkennbar, diese ist lediglich mit Erde gefüllt.

Abb.25 **Die Führungsschiene (roter Pfeil) in der Öffnung des Ringstandes**

Abb.26 **Führungsschiene im Einsatz mit dem Maschinengewehr MG 34**

Der Ringstand am „Kirchweg" wurde nicht geborgen und befindet sich noch heute an der erbauten Stelle. Im Gegensatz zum Ringstand am „Kämpeweg" wurde dieser Ringstand nicht ebenerdig versenkt sondern die kegelförmige Überkragung befand sich oberhalb des Erdreiches. Von der Konstruktion, den Ausmaßen und der Bauweise sind beide Kampfstände absolut identisch. Dieser Ringstand ist ebenfalls für den Einsatz eines Maschinengewehres erstellt worden, die Führungsschiene befindet sich allerdings nicht mehr in der Öffnung sondern in Teilen im Kampfraum im Inneren des Ringstandes, der ca. bis zur Hälfte mit Erde verfüllt ist. Von außen ist der Ringstand stark bewuchert und kaum als solcher ersichtlich.

Der Standort scheint aus heutiger Sicht wenig effektiv gewählt, jedoch waren der heutige umliegende Pflanzenbewuchs und die Bebauung in diesem Ausmaß bei der Errichtung des Ringstandes in der zweiten Hälfte des Jahres 1944 noch nicht vorhanden.[89] Der Ringstand war im Grunde von freiem Feld umgeben.

*Abb.27 **Der stark bewucherte Ringstand (roter Pfeil)***

---

[89] Vgl.: Messtischblatt Nr. 2409 Norden, 1:25.000, Survey Production Centre, Edition 4, 1954

Abb.28 Die Kegelform des übererdigen Teiles ist gut erkennbar

Abb.29 Blick in den halb verfüllten Kampfraum

In Osteel sollte ebenfalls, wie an vielen Stellen in Ostfriesland, ein sog. „Panzergraben" errichtet werden. Der Generalfeldmarschall Wilhelm Keitel, Chef des Oberkommandos der Wehrmacht (OKW), erwähnte am 23. September 1942 in einem „Merkblatt über die Erfahrungen in der Küstenverteidigung"[90], die Panzergräben als Teil der „passiven Abwehr" im technischen Ausbau. Feindliche Panzer wurden als größte Gefahr für die Küstenverteidigung an der See- und der Landfront angesehen. Sämtliche Abschnitte, die nicht von Natur aus panzersicher waren, sollten künstlich panzersicher gemacht werden. Die HKL (Hauptkampflinie) sollte schon im Vorfeld in panzersichere, oder in leicht panzersicher machbare Gebiete gelegt werden. Mittel zur Erreichbarkeit der Panzersicherheit waren unter Anderem: künstliche Anstauungen und Ansumpfungen, künstliche Steilhänge, Panzermauern mit Stahlbeton, Panzergräben, Höckerhindernisse, Schienenhindernisse und Tankfallen. Anfang des Jahres 1945, wahrscheinlich im März kurz vor Kriegsende, begannen in Osteel die Arbeiten an einem Panzergraben.[91] Die Arbeiten wurden durchgeführt von Angehörigen des RAD (Reichsarbeitsdienst) und der HJ (Hitlerjugend), diese wurden in der Osteeler Schule untergebracht, die dortigen Klassen mussten daraufhin ausgewohnt werden.[92] Prinzipiell sollte in erster Instanz das „Van-Hove-Tief" zum Panzergraben ausgebaut werden.[93]

Der geplante Verlauf des Panzergrabens (Pfeilrichtung: Van-Hove-Tief)

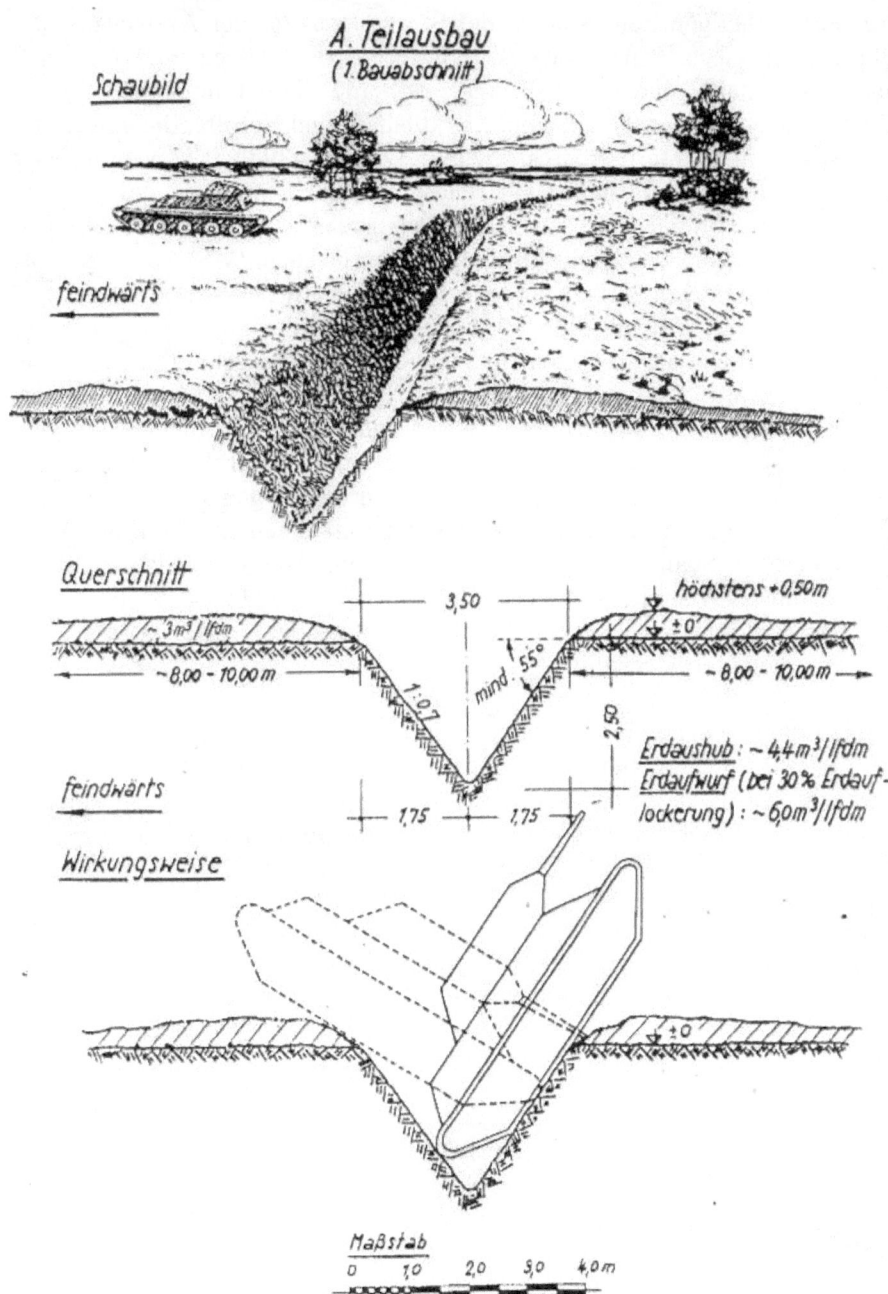

A. Teilausbau
(1. Bauabschnitt)

Schaubild

feindwärts →

Querschnitt

~3 m³/lfm · 3,50 · höchstens +0,50 m · ±0

~8,00 – 10,00 m · 1:0,7 · mind. 55° · ~8,00 – 10,00 m

2,50

1,75 · 1,75

feindwärts →

Erdaushub: ~4,4 m³/lfdm
Erdaufwurf (bei 30% Erdauf-
lockerung): ~6,0 m³/lfdm

Wirkungsweise

±0

Maßstab
0 · 1,0 · 2,0 · 3,0 · 4,0 m

Auf der vorherigen Seite sind in der Skizze (*Abb.30*) der Aufbau und die Bemessung eines Panzergrabens, wie er 1944/1945 gemäß Vorschrift auszusehen hatte, dargestellt. Festgelegt wurde diese Bauvorgabe für die Errichtung eines Panzergrabens in Merkblättern und Veröffentlichungen des Oberkommandos des Heeres, wie z.B. im Bildheft „*Neuzeitlicher Stellungsbau*" vom 1. Juni 1944. Diese Vorschriften gaben dazu exakte Berechnungen für z.b. die Bauzeit, den Personalaufwand oder die benötigten Arbeitsmittel vor. Der Bodenaushub eines einzelnen Mannes wurde bei einem achtstündigen Arbeitstag auf sechs Kubikmeter veranschlagt. Der Panzergraben in Osteel sollte im Falle einer Alliierten Landung die aus westlicher Richtung kommenden gegnerischen Panzer aufhalten. Der Ausbau wurde allerdings nie fertig gestellt und sämtliche Ausbaumaßnahmen wurden nach Kriegsende wieder zurückgebaut oder beseitigt.[94] Auf dem Kartenausschnitt der Seite 49 ist grob zu erkennen in welchem Ausmaß die Panzergräben in Ostfriesland geplant worden sind. Ebenfalls auf dem Kartenausschnitt gut zu erkennen ist der ringförmige Umschluss der Stadt Aurich durch einen Panzergraben. Dieser Panzergraben wurde im November/Dezember durch Häftlinge der KZ-Außenstelle Engerhafe in mühevoller Handarbeit mit Schippen und Spaten errichtet und weitestgehend fertig gestellt.[95]

Grundsätzlich waren die geplanten Panzergräben wie der in Osteel aus militärischer Sicht wirkungslos. Schwere gepanzerte Fahrzeuge wären gar nicht in der Lage gewesen, die in etwa auf Höhe des Meeresspiegels liegenden Marschländereien nach einer Landung im Wattenmeer zu befahren.

[90]   Vgl.: Heber, Thorsten: Der Atlantikwall 1940-45, S.855 – 863

[91, 93]   Vgl.: Bogena, Heyo; Gerdsen, Hans: ZZ.-Er. Osteel, Interviews 11/2015 u. 01/2016

[92]   Vgl.: Raveling, Jakob: Osteel und Leezdorf Einst und Jetzt, SKN-Verlag, 1987, S.74

[94]   Qu.: Gerdsen, Hans: Zeitzeugen-Erinnerungen Osteel, Interview 11/2015

[95]   Vgl.: Verein Gedenkstätte KZ Engerhafe e.V.

2.2.2 Stationierung von Alarmeinheiten

1944 kam es im Rahmen der Küstenverteidigung im Bereich der Deutschen Bucht neben dem ausgedehnten Ausbau von Stellungen auch zur Stationierung von Soldaten der Wehrmacht in den Küstenbereichen. Diese „Alarmeinheiten" sollten für die Landverteidigung bei einer eventuellen Landung der Alliierten in der Deutschen Bucht zur Verfügung stehen. Im September 1944 betrug die Anzahl der eingesetzten Alarmeinheiten im Bereich des Marineoberkommandos Nord 42.373 Mann, es war insgesamt eine Anzahl von 45.000 Soldaten vorgesehen. Die Seekriegsleitung erläuterte, dass es zur Küstenverteidigung nicht an Soldaten sondern an Waffen fehlte. Die Bewaffnung der eingesetzten Einheiten war absolut unzureichend, dies änderte sich erst im September 1944, da in den Folgetagen des 25. September 1944 mit einer Invasion der Alliierten in der Deutschen Bucht gerechnet wurde.[96] Jedoch war das eingesetzte Personal meistens schlecht ausgebildet und bei der Bewaffnung handelte es sich oft nur um Beutewaffen.

In Osteel befand sich ab dem Herbst/Winter 1944 mindestens eine Kompanie (ca. 120 Mann) der Wehrmacht.[97] Bei den Soldaten handelte es sich in der Masse um sehr junge, gerade erst eingezogene und unerfahrene Soldaten. Während der Stationierung in Osteel beschäftigten sich die Soldaten hauptsächlich mit Ausbildung. Es wurden in der Umgebung verschiedene Übungstätigkeiten durchgeführt, wie zum Beispiel Gefechtsdienst im damaligen Leezdorfer Hochmoor. Untergebracht wurden die Soldaten unter Anderem in umliegenden Schulen (z.B. Leezdorf) und Baracken. Anhand von Zeitzeugenaussagen konnten die Baracken ungefähr lokalisiert und eingezeichnet werden. Es befand sich zum Beispiel eine Baracke in der Nähe der Kirche direkt gegenüber der ehm. Osteeler Schule (1). Weitere befanden sich direkt an der „Brookmerlander Straße", wo diese durch den „Kirchweg" gekreuzt wird (2). Heute befindet sich an dieser Stelle eine Bushaltestelle. Direkt im Garten der heutigen Adresse „Alter Postweg 130" befand sich ebenfalls eine Wohnbaracke zur Unterbringung der Soldaten (3). Am „Moortunweg" im Bereich der ehemaligen Gaststätte „*Müller*" befand sich ebenfalls eine große Baracke für die Soldaten (4).[98]

---

[96] Vgl.: Heber, Thorsten: Der Atlantikwall 1940-1945, S.556

[97] Qu.: Wallis, Wilhelm: Zeitzeugen-Erinnerungen Osteel, Interview 02/2016

[98] Qu.: Bogena, Heyo: Zeitzeugen-Erinnerungen Osteel, Interview 01/2015

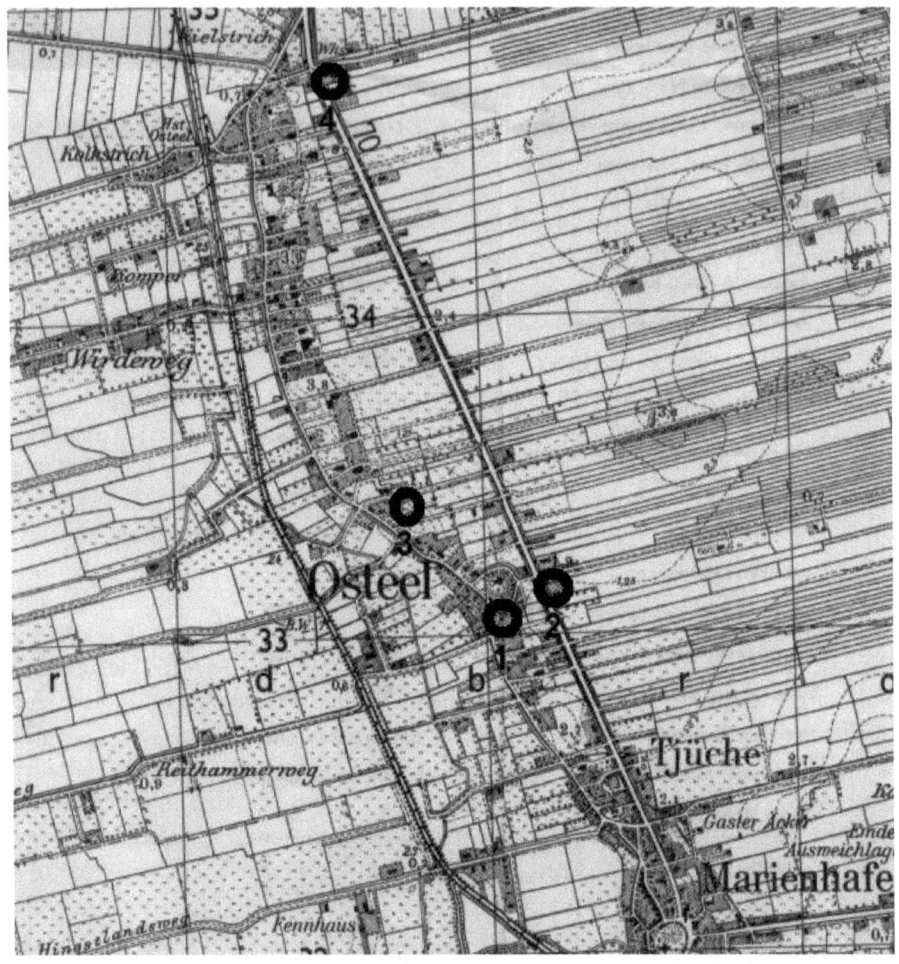

Bis zum März 1945 befanden sich die „Alarmeinheiten" in Osteel und der Umgebung. Danach wurden diese abgezogen[99] um am Küstenkanal gegen die vorrückenden Alliierten Truppen zu kämpfen. Der Küstenkanal verband die „Hunte" in Oldenburg und die „Ems" bei Dörpen. Der Kanal stellte ein natürliches Hindernis für die anrückenden Alliierten dar und wurde daher weiträumig in die deutsche Abwehrplanung zum Schutz der wichtigen Nordseehäfen einbezogen. Ab Anfang April war der Kanal Teil der „Seelöwe-Stellung", diese Verteidigungsstellung bestand aus natürlichen Hindernissen wie dem Küstenkanal und der in Nordholland künstlich überfluteten Gebiete und sollte den befürchteten Vormarsch der Alliierten in nordwestliche Richtung abwehren. Am 23. März 1945 überquerten britische Truppen den Rhein zwischen Rees und Wesel, nachdem die niederländische Grenze überschritten wurde. Anschließend sollte die 1. kanadische Armee in Verbindung mit der 2. Britischen Armee den holländisch-ostfriesischen-oldenburgischen Raum einnehmen. Die „Seelöwe-Stellung" wurde zwischen dem 10. – 19. April 1945 überwunden, am 1. Mai konnten die Kanadier dann nach zweiwöchigen schweren Kämpfen auf Wilhelmshaven und Oldenburg vorrücken.[100]

---

[99] Qu.: Bogena, Heyo; Wallis, Wilhelm: ZZ.-Er. Osteel, Interviews 12/2015 u. 02/2016

[100] Vgl.: Warnke, Fritz: Der Brückenkopf Edewechterdamm – die Kämpfe im Raum Edewecht im Jahr 1945, Eigenverlag, 2000

2.2.3 Vorbereitung von Zerstörungsmaßnahmen

Obwohl im Herbst 1944 mit Nachdruck am Ausbau der deutschen Nordseeküste gearbeitet wurde, gab der Führungsstab Nordseeküste bereits am 14. November 1944 in Form einer besonderen Anweisung für den Ausbau der Deutschen Bucht und der Ems-Stellung erste Richtlinien für vorzubereitenden „Zerstörungs- und Lähmungsmaßnahmen" bekannt.[101] Diese Maßnahmen umfassten z.b. die Vorbereitung von Flugplätzen zur „Unbrauchbarmachung" um diese und allgemein alle militärischen Objekte im Heimatkriegsgebiet für den Gegner unbrauchbar zu machen. Im Februar 1945 wurde, für eine Zone von 40km Tiefe entlang der Küste, die kalendermäßige Vorbereitung von „Auflockerungs-, Räumungs-, Lähmungs- und Zerstörungsmaßnahmen" (ARLZ-Maßnahmen) angeordnet. Im Bereich der Deutschen Bucht wurden List, Hörnum, Brunsbüttel, Cuxhaven, Helgoland, Wesermünde, Wilhelmshaven, Norderney, Borkum und Emden als militärische Objekte oder Kriegshäfen eingestuft und sollten durch die ARLZ-Maßnahmen vorbereitet werden. Als weitere Erläuterung zu diesen Maßnahmen gab der Führungsstab Nordseeküste am 23. Februar 1945 heraus, dass aufgrund des Mangels an Sprengmitteln und Arbeitskräften, in erster Linie nur Eisenbahn- und Straßenbrücken, Flugplätze und Vorräte an Waffen/Material, welche unter keinen Umständen in die Hände des Gegner fallen durften, zur Zerstörung vorzubereiten waren. Ende Januar 1945 waren bereits 1.161 Brücken zur Sprengung vorbereitet, aufgrund des Mangels an Spreng- und Zündmitteln waren jedoch 600 vorbereitete Anlagen nicht mit den notwendigen Ladungen versehen.[102]

Auch in Osteel wurden sämtliche Brücken mit Sprengvorbereitungen versehen, um diese im Notfall für den anrückenden Gegner unpassierbar/unbrauchbar zu machen.[103] Die Sprengvorbereitungen an sich wurden durch Wehrmacht und OT in Form von Hohlräumen und Sprengkästen an den Brücken installiert.[104] Oftmals wurden einfache Kästen aus Holz verwendet, um einen Raum für die Sprengladungen zu schaffen. Für die Durchführung der Sprengungen wurde ein „Brückensprengkommando" eingerichtet, welches aus Osteeler Bürgern in der Funktion von z.B. Landwacht oder Volkssturm bestand und der Wehrmacht unterstellt war.

[101, 102] Vgl.: Heber, Thorsten: Der Atlantikwall 1940-1945, S.581, 585, 587

[103] Qu.: Bogena, Heyo: Zeitzeugen-Erinnerungen Osteel, Interview 01 u. 02/2016

[104] Vgl.: NLA AU, Rep. 17/2, Nr. 987

Der Sitz dieses Brückensprengkommandos befand sich in einem Hof an der „Brookmerlander Straße" (heutige Adresse „Brookmerlander Straße 11") in der Nähe der Kirche.[105] Kurz bevor die kanadische Armee in das Gebiet vorrückte, wurde nachts der Befehl zur Sprengung aller Osteeler Brücken an das Brückensprengkommando erteilt. Diese Befehle wurden im gesamten Reichsgebiet gegeben, vielerorts auch bekannt als „Nero-Befehl", der Gegner sollte nichts als verbrannte Erde vorfinden.[106] Als nach anfänglichem Zögern dann die tatsächlichen Sprengungen durchgeführt werden sollten, war es schon zu spät, die Kanadier waren bereits weit in den Bereich vorgerückt und hatten die Kontrolle übernommen.[107] Da die Spreng-vorbereitungen teilweise in Recht einfacher Form vorgenommen wurden und auch nach Kriegsende nicht beseitigt wurden, kam es z.B. 1956 zu folgender Meldung im Bezug auf eine Eisenbahnbrücke[108]:

„Am 19.12.1956 stellte man an der Bahnlinie Norden – Emden bei Km 24,130 (Osteel / Schrankenposten 7) an der Brücke beidseitig Versackungen fest, welche sich bei genauer Prüfung als Sprengkästen der OG Todt herausstellten. Diese wurden geräumt. Der Bahn war diesbezüglich nichts bekannt, deshalb soll die ganze Strecke Untersucht werden. "

*Abb.31 **Eisenbahnbrücke bei Km 24,130 in Osteel***

---

[106] Vgl.: Nassau, Rudolf: Das Ende des Zweiten Weltkrieges in Aurich, 1999, S.10
[105, 107] Qu.: Bogena, Heyo: Zeitzeugen-Erinnerungen Osteel, Interview 01 u. 02/2016
[108] Vgl.: NLA AU, Rep. 17/2, Nr. 987

2.2.4 Volkssturm Meldestelle Osteel

Nachdem sämtliche deutsche Fronten im Spätsommer 1944 zusammenge-
brochen waren, wurde als Teil des „letzten Aufgebot" am 25. September
1944 die Bildung des „Deutschen Volkssturm" befohlen. Federführend in
diesem Vorhaben war der damalige Leiter der NSDAP-Parteikanzlei Reichs-
minister Martin Bormann. Prinzipiell sollten alle waffenfähigen Männer im
Alter von 16 – 60 Jahren den Volkssturm bilden.[109] Für die Aufstellung und
Führung war primär die NSDAP in Form ihrer zuständigen Gauleiter
verantwortlich, die Erfassung von entsprechendem Personal übernahmen die
NSDAP-Ortsgruppen. Der „Reichsführer SS" (Heinrich Himmler) war als
Führer des Ersatzheeres für die Ausbildung, Ausrüstung und Bewaffnung
zuständig und in der Planung zunächst auch für den Kampfeinsatz der
Volkssturm-Truppen. Diese Vorgabe wurde aber bereits im November 1944
dahin gehend abgeändert, dass der Volkssturm jetzt auch der Wehrmacht
unterstellt werden konnte, ohne in Wehrmachteinheiten eingegliedert zu
werden. Waren keine Wehrmachtstruppen vorhanden, übernahmen die
Ortsgruppen- und Kreisleiter der NSDAP die Führung über die kämpfenden
Volkssturm-Truppen.[110] Der Volkssturm setzte sich aus insgesamt vier
Aufgeboten zusammen. Das erste Aufgebot bestand aus Männern der
Jahrgänge 1884 bis 1924, die „zum Kampfeinsatz tauglich" erklärt wurden
und in der Heimat keine „lebenswichtige Funktion" einnahmen. Im zweiten
Aufgebot befanden sich ebenfalls Männer der Jahrgänge 1884 – 1924 (20 bis
60-jährigen), diese befanden sich allerdings in „kriegswichtigen Betrieben,
im Nachrichten- oder Transportwesen, oder in anderer lebenswichtiger
Funktion" im Heimatgebiet. Das dritte Aufgebot bestand aus Jugendlichen
der Jahrgänge 1925 -1928 (16 bis 19-jährigen), soweit diese noch nicht
schon bei Wehrmacht, RAD oder als Luftwaffenhelfer eingesetzt wurden.
Da die Jahrgänge 1927 und 1928 im Laufe des Jahres 1944 zu großen Teilen
zur Wehrmacht eingezogen wurden, bestand die Masse des dritten
Aufgebotes aus 16-jährigen Hitlerjungen. Im vierten Aufgebot befanden sich
alle, die für einen Kampfeinsatz untauglich waren, aber trotzdem Wach- und
Sicherungsaufgaben in der Heimat wahrnehmen konnten. In dieses Aufgebot
kamen nur Männer, die nach Überprüfung ihrer Tauglichkeit nicht in der
Lage waren „auch nur den geringsten Fußmarsch" zu absolvieren.[111]

[109, 111] Vgl.: Seidler: Franz: Dt. Volkssturm, Bechtermünz-Vlg., 1999, S.46 ff., 82 ff., 84

[110] Vgl.: Mammach, Klaus: Der Volkssturm, Pahl-Rugenstein-Vlg., 1987, S.198

Insgesamt wurden im Volkssturm etwa sechs Millionen Menschen erfasst. Der Volkssturm verfügte über fünf unterschiedliche Dienstgrade: *Volkssturm-Mann, Gruppenführer, Zugführer, Kompanieführer* und *Bataillonsführer.*[112]

Abb.32 Armbinde des „Deutschen Volkssturm"

Auch einige Osteeler Bürger wurden durch den Volkssturm für den Einsatz im Kampfgebiet oder an der Heimatfront eingezogen. Es kam auch zu Ausbildung und Einsatz von Kindern und Jugendlichen der HJ (Hitlerjugend), in der zu der Zeit alle dienstverpflichtet waren. Vor der Osteeler Schule wurde die Ausbildung am Gewehr und an der Panzerfaust durchgeführt um die Schüler im Umgang mit diesen Waffen zu schulen.[113] Anschließend wurden die Jugendlichen zum Beispiel in einer „Volkssturm Meldestelle" eingesetzt. In Osteel wurde dafür der „Meldeposten Osteel" eingerichtet, der sich im vorderen Teil des Hauses vom damaligen Ortsbrandmeister Gerd Edenhuizen (heutige Adresse: „Brookmerlander Straße 5") an der „Brookmerlander Straße" in der Nähe der Kirche befand. In dieser Meldestelle mussten immer zwei Hitlerjungen ihren Dienst ver-

Position des „Meldeposten Osteel"

sehen.[114] Aufgabe war es, sämtliche unregelmäßigen Vorkommnisse, wie zum Beispiel der Überflug von feindlichen Flugzeugen oder sonstige militärische Tätigkeiten oder Auffälligkeiten weiterzumelden. Im Ernstfall wurde auch ein „Alarm Küste" ausgelöst, die Meldung musste dann zu Fuß oder mit dem Fahrrad an die zuständigen Volkssturm-Zugführer erfolgen. Der damalige Osteeler Lehrer und gleichzeitig NSDAP-Ortsgruppenleiter Schleifer kontrollierte regelmäßig die Meldestelle, ob der Dienst dort auch ordnungsgemäß ausgeführt wurde.[115]

Bei den Dienstverrichtenden handelte es sich schließlich um Jugendliche und der Dienst in der Meldestelle gestaltete sich in der Regel eher langweilig. Bei dem zuvor genannten Osteeler „Brückensprengkommando", dessen Sitz im Hof direkt neben dem Meldeposten lag, handelte es sich in Teilen ebenfalls um „Volkssturm-Männer".[116]

Zusätzlich mussten die Schüler in den letzten Kriegstagen im April 1945 einen Beobachtungsposten an der „Brookmerlander Straße" stellen. An der Stelle, an der der „Kirchweg" an die „Brookmerlander Straße" kreuzt, mussten, etwa auf Höhe der heutigen Gaststätte „Köster", zwei Schüler an der Straße stehen und am Himmel nach Flugzeugen Ausschau halten. Die Schüler wurden bereits in der Schule über die verschiedenen alliierten Luftfahrzeugmuster aufgeklärt und sollten dadurch in der Lage sein, anhand der Silhouette des Flugzeuges den Typ bestimmen zu können. Sobald dann ein Fahrzeug der Wehrmacht diesen „Beobachtungsposten" passierte, sollten die Schüler das Kraftfahrzeug anhalten und eine Meldung über die gemachten Beobachtungen, wie Anzahl der gesichteten Flugzeuge, Flugzeugtypen, Flugrichtung usw. abgeben. Um die Kraftfahrzeuge der Wehrmacht anzuhalten, standen den Schülern gelbe Fähnchen bzw. Lappen, die Fähnchen darstellen sollten, zur Verfügung. Federführend bei der Einrichtung dieses „Beobachtungspostens" war der damalige Osteeler Hauptlehrer Heinrich Drees, dieser gab zu „Dienstbeginn" auch die Fähnchen an der Osteeler Schule aus.[117]

In der Ausgabe des Ostfriesischen Kuriers vom 1. Mai 1945 wird die Aufstellung von Luftwarnposten in einem Artikel der Rubrik „Aus Stadt und Land" folgendermaßen erwähnt:

„Hitlerjugend stellt Luftwaffenposten. Die Gebietsführung Nordsee der Hitlerjugend stellt auf Anordnung des Gauleiters nach den guten Erfahrungen in verschiedenen Kreisen des Nordseegaues künftig an den Hauptverkehrsstraßen in mindestens 1 Kilometer Abstand Luftwarnposten aus, die durchfahrende Fahrzeuge über die Luftlage durch Zeichen vom Nahen feindlicher Tiefflieger unterrichten. Diese Posten werden von Hitlerjungen und Pimpfen besetzt."

---

[112] Vgl.: Seidler, Franz: Deutscher Volkssturm, S.113 ff.
[113, 114, 115, 116] Qu.: Bogena, Heyo: Zeitzeugen-Erinnerungen Osteel, Interview 01 u. 02/2016
[117] Qu.: Wallis, Wilhelm: Zeitzeugen-Erinnerungen Osteel, Interview 02/2016

3. Flugzeugabstürze

3.1 Absturz eines deutschen Aufklärungsflugzeuges

Am Abend des 16.9.1939 ereignete sich in Osteel ein tragisches Flugzeugunglück, wobei drei Menschen ums Leben kamen. Zwei Wochen nach Kriegsbeginn stürzte ein deutsches Aufklärungsflugzeug vom Typ Dornier DO-17 P in der Nähe des Osteeler Pfarrhauses ab.

Am 16.9.1939 startete eine Dornier DO-17 P mit einer Besatzung von drei Soldaten auf Norderney.[118] Das Flugzeug gehörte der 4. Staffel der Aufklärungsgruppe 122 an.[119] Die Aufklärungsgruppe 122 wurde am 1.11.1938 in Goslar aufgestellt und bestand 1939 aus fünf Staffeln. Gruppenkommandeur der Aufklärungsgruppe 122 war seit dem 1.9.1939 Major Werner Kreipe.[120]

Die vierte Staffel der (Fern)Aufklärungsgruppe 122 (*4./(F)122*), der auch die in Osteel abgestürzte DO-17 angehörte, hatte 1939 den Auftrag Luftaufklärung für die Luftflotte 2 über der Nordsee, dem Ärmelkanal und England zu betreiben. Für diese Aufgabe war die Staffel mit Flugzeugen vom Typ DO-17 des Herstellers Dornier ausgestattet.[121] Die DO-17 wurde von der Luftwaffe während des Krieges vorwiegend als Aufklärer und Bomber eingesetzt. Bei der Maschine handelte es sich um einen zweimotorigen Schulterdecker, mit

*Abb.33 **Wappen der 4./(F)122***

---

[118] Qu.: Jannßen, Enno: Zeitzeugen-Erinnerungen Osteel, Interview 01/2016

[119] Vgl.: NLA AU, Rep. 249 b, acc. 2010/075 Nr. 1953, StB. Osteel Nr. 8-10; DD WASt-Auskunft, Gz. IIB 415-677-610 (03/2016); BA Abt. MA Freiburg, GQM der Lw

[120] Vgl.: Tessin, Georg: Verbände und Truppen der deutschen Wehrmacht und Waffen-SS im zweiten Weltkrieg 1939-1945, Band 14 Fliegende Verbände, S.438

[121] Vgl.: Altenburger, Andreas: „LdW" unter: http://www.lexikon-der-wehrmacht.de/ Gliederungen/Aufklarer-Geschwader/gr122-R.htm (abgerufen 20.02.2016)

doppeltem Seitenleitwerk und einziehbarem Spornradfahrwerk am Heck. Das Flugzeug war 16,25 Meter lang, hatte eine Spannweite von 18 Metern und eine Flügelfläche von 55m². Die Besatzung der Maschine bestand aus drei Mann, einem Piloten, einem Funker, der in der Regel auch die Funktion des Bordtechnikers ausfüllte, und einem Bediener für das Bomben- abwurfgerät bei Bombern bzw. für das Reihenbildgerät bei Aufklärern. Der Dienstgradhöchste war, unabhängig von seiner Funktion innerhalb des Luftfahrzeuges, gleichzeitig Kommandant der Maschine.[122]

Bei der abgestürzten Maschine handelte es sich um die P-Version der Dornier DO-17, die für den Aufklärungsflug vorgesehen war. Diese Version verfügte nicht über Bramo-Triebwerke sondern war mit zwei BMW 132 N- Motoren ausgestattet, die jeweils 870 PS leisteten. Das Bombenabwurfgerät des Flugzeuges wurde durch ein Reihenbildgerät ersetzt, um als Photoaufklärer wirken zu können.[123] Außerdem war die DO-17 P in der Lage vier Leuchtbomben LC 50 F mitzuführen.

Abb.34 **Eine Dornier DO-17 P**

Während des Krieges wurden fliegende Verbände oftmals verlegt damit der Einsatzhafen dann näher am Missionsziel lag als der Heimathafen. Wahrscheinlich war die abgestürzte Dornier DO-17 P deswegen auf Norderney gestartet und nicht in Goslar, dem eigentlichen Heimathafen der Aufklärungsgruppe 122.[124]

[122, 123] Vgl.: Weinberg, Popaeus: Zeitzeugen-Er. Bordtechniker auf Dornier DO-17, Interview 12/2015; Altenburger, Andreas: „LdW" unter: http://www.lexikon-der-wehrmacht.de/ /Waffen/Do17.htm (abgerufen 20.02.2016)

[124] Vgl.: Tessin, Georg: Vbd. u. T. der dt. WH u. W-SS, Bd. 14, S.438

Auf Norderney befanden sich zu dieser Zeit offiziell die erste und zweite Staffel der Küstenfliegergruppe 106 (vom 1939 bis 1940) unter Oberstleutnant Hermann Jordan. Die I. und II./ Küstenfliegergruppe 106 war ausgestattet mit Flugzeugen vom Typ *Heinkel He 45/46, He 59, He 60* und *He 115*.[125]

Das Flugzeug, welches in Osteel abstürzte, war mit insgesamt drei Soldaten besetzt. Bei der Besatzung handelte es bei dem Kommandanten der Maschine um *Oberfeldwebel Erich Gerx* (27 Jahre alt), um den *Unteroffizier Ulrich Wirth* (25 Jahre alt) und um den *Unteroffizier Robert Kannegießer* (ebenfalls 25 Jahre alt).[126] Aufzeichnungen über die Einteilung bzw. Funktion der einzelnen Besatzungsmitglieder liegen leider nicht vor, eine Einteilung anhand des Dienstgrades ist, bis auf den Kommandanten, nicht so einfach möglich und nur spekulativ.

Am Abend des 16. September 1939 war das Wetter sonnig, leicht bewölkt und die Sicht war allgemein gut. Die Dornier DO-17 P befand sich nach dem Start in der Luft und steuerte Aufklärungsziele gemäß Auftrag an. Gegen ca. 19:00 Uhr erlitt die Maschine einen Motorschaden und stürzte anschließend brennend[127] aus Nord-östlicher in Süd-westliche Richtung neben den Garten des Osteeler Pfarrhauses.[128] Der Garten befand sich früher auf der gegenüberliegenden Seite des „Alten Postweges", das heutige Gemeindehaus diente damals als Wohnung für den Pfarrer. die Absturzstelle ist, nach Augenzeugenberichten, hier auf einem Kartenausschnitt eingezeichnet.

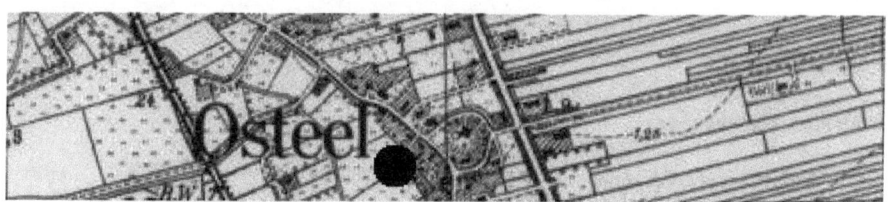

Die Absturzstelle ist mit einem schwarzen Punkt gekennzeichnet

---

[125] Vgl.: Holm, Michael: Küstenfliegergruppe 106 unter: http://www.ww2.dk/air/seefl/kflgr106.htm (abgerufen am 04.06.2016)

[126] Vgl.: NLA AU, Rep. 249 b, acc. 2010/075 Nr. 1953, StB. Osteel Nr. 8-10; DD WASt-Auskunft, Gz. IIB 415-677-610 (03/2016)

[127] Vgl.: GQM 1939, Imperial War Museum London, Signatur "GER/MSC/MCR 18"

[128] Qu.: Abbegg, Erich: Augen- Zeitzeuge Absturz Osteel, Interview 09/2015

Abb.35 Die Absturzstelle der DO-17 ist auf einer Luftaufnahme aus der Vorkriegszeit markiert (Pfeil) und liegt neben dem ehm. Pfarrgarten

In der *Meldung des Generalquartiermeisters der Luftwaffe*[129] im entsprechenden Zeitraum 1939 ist der Absturz wie folgt vermerkt:

„Absturzursache: Motorschaden, brennend abgestürzt, 100% Schaden

Ortsangabe: bei Osteel südlich Norden "[130]

bei Osteel südlich Norden	Motorschaden, brennend abgestürzt	Do 17 P	100 %

Abb.36 Originale Eintragung in der Meldung des Generalquartiermeisters

---

[129] *Generalquartiermeister der Luftwaffe*: Dem Generalquartiermeister der Luftwaffe waren die Abteilungen 2 (Organisation), 4 (Quartiermeister, Versorgung) und 6 (Rüstung) des Generalstabes der Luftwaffe unterstellt. Dieses Amt führte Gen. der Flieger Hans-Georg von Seidel (1938-1944) und später GenLt. Dietrich von Criegern.

[130] Vgl.: GQM 1939, Imperial War Museum London, Signatur "GER/MSC/MCR 18"

Ein Unteroffizier der Wehrmacht, der sich als Luftbeobachter auf dem Marienhafener Kirchturm befand, konnte die brennende Maschine bereits in der Luft erkennen. Er eilte schnellstmöglich zur vermuteten Absturzstelle und war somit als erster bei dem brennenden Flugzeugwrack um seine Kameraden zu retten, allerdings waren diese bereits tot. Nach dem Absturz rückte die Feuerwehr Osteel-Leezdorf aus, um das brennende Flugzeugwrack zu löschen, diese wurde aber kurz darauf abgelöst. Unverzüglich traf die Flughafenfeuerwehr der Wehrmacht aus Hage am Absturzort ein um sich um das brennende Flugzeugwrack und die Besatzung zu kümmern. Die Familie Abbegg, deren Wohnhaus sich schräg gegenüber der Absturzstelle befand (Alter Postweg Nr. 104), verfügte über ein Telefon im Haus. Dieses Telefon wurde kurzerhand von der Wehrmacht besetzt um Kontakt mit dem Flugplatz aufnehmen zu können und die Details über den Absturz weiterzugeben. Danach wurde das Gebiet weiträumig abgesperrt und die Soldaten begannen damit die Trümmer sowie die Besatzung zu bergen. Es waren viele Soldaten im Einsatz, die den ganzen Sonntag damit beschäftigt waren (17.9., Folgetag) die weit verstreuten Trümmer einzusammeln.[131]

Auf einer englischen Luftbildaufnahme vom 5. Juni 1940, die im Verlauf der englischen Luftaufklärung über dem deutschen Reichsgebiet gemacht worden ist, ist die Absturzstelle der DO-17 noch leicht erkennbar.[132] Leider wurde das Luftbild aus sehr großer Höhe aufgenommen und ist deswegen, vor allem im Detail, in der Qualität stark beeinträchtigt.

*Abb.37 **Die Absturzstelle ist mit einem Kreis gekennzeichnet***

---

[131] Qu.: Abbegg, Erich; Wallis, Wilhelm; Gerdsen, Hans: ZZ.-Er. Osteel, Interviews 2015/16
[132] Vgl.: Luftbildaufnahme, Flug HNA-032, Bildnummer 263, 05.06.1940

Abb.38 Die Absturzstelle heute, im Hintergrund die Kirche

Die drei Besatzungsmitglieder der DO-17 kamen bei dem Absturz ums Leben und wurden am 9.9.1939 auf mündliche Anzeige des Regierungsinspektors Karl Meidrott durch den damaligen Bürgermeister und gleichzeitigen Standesbeamten Habbo Itzenga in das Sterbebuch Osteel eingetragen. Als Todesursache ist bei allen drei Besatzungsmitgliedern *„Flugzeugunfall"* eingetragen und als Todeszeitpunkt ist der 16.9.1939 um 19:10 Uhr angegeben.[133] Im Folgenden ist die Besatzung der DO-17 P und Angehörige der 4./(F)122 nochmals mit Geburtsort-/Datum und Erkennungsmarken-Nummer, anhand derer die Soldaten identifiziert wurden, aufgeführt:[134]

- *Oberfeldwebel Erich Gerx* geb. am 26.10.1911 in Quedlinburg
  Erkennungsmarke Nummer 29

- *Unteroffizier Ulrich Wirth* geb. am 4.6.1914 in Ratzeburg
  Erkennungsmarke Nummer 183

- *Unteroffizier Robert Kannegießer* geb. am 14.12.1913 in Frankfurt a. M.
  Erkennungsmarke Nummer 58

[133, 134] Vgl.: NLA AU, Rep. 249 b, acc. 2010/075 Nr. 1953, StB. Osteel Nr. 8-10; DD WASt-Auskunft, Gz. IIB 415-677-610 (03/2016)

3.2 Absturz eines amerikanischen Bombers

Am Samstag den 11.12.1943 flogen amerikanische Bomber der 8. US-Luftflotte in der Mittagszeit einen schweren Angriff auf die Seehafenstadt Emden. Im Verlauf dieses Angriffes stürzte eine amerikanische Boeing B-17F in ein Leezdorfer Feld, welches sich auf der Grenze zu Osteel befand.

An dem Tag flogen mehrere Bomberverbände, nachdem sie in England gestartet waren, aus Westen ein und drehten vor den ostfriesischen Inseln in Richtung Süd auf Emden. Der Angriff wurde zwischen 12:20 Uhr und 13:12[135] Uhr durchgeführt. Fliegeralarm in Emden wurde ausgelöst von 11:17 – 14:02 Uhr.[136]

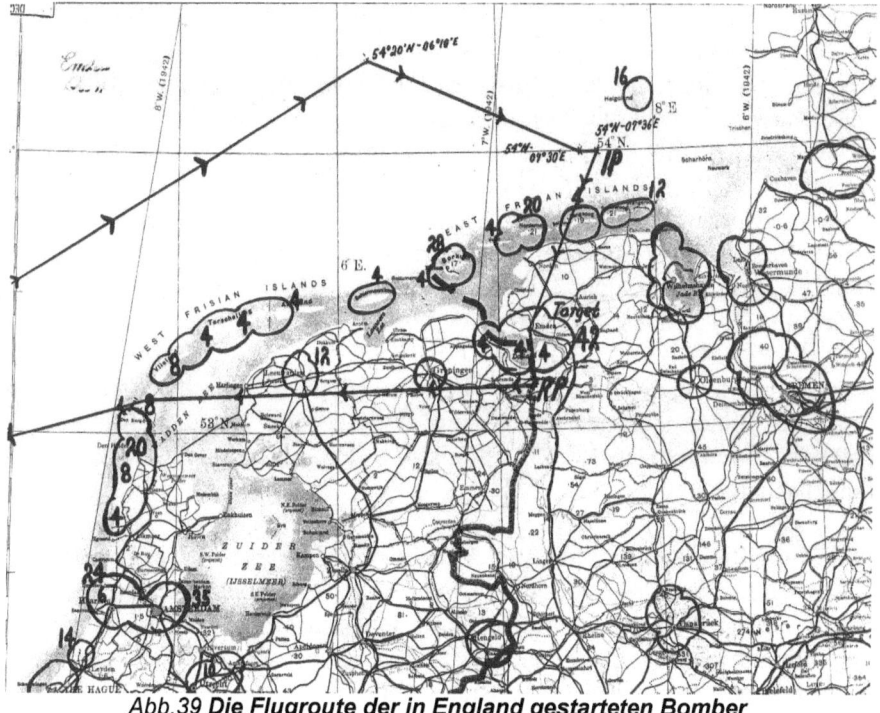

Abb.39 Die Flugroute der in England gestarteten Bomber

---

[135] Vgl.: Freeman, Roger A.: Mighty Eighth War Diary, Jane's Publishing Company, 1981

[136] Vgl.: Janßen, Dietrich: Wachbuch der OG. Ratsdelft Hindenburgstraße 33, 2004, S.10

Es war die Mission Nummer 151 der 8. US-Luftflotte (8th Air Force), der angreifende Verband bestand im Wesentlichen aus drei Elementen und insgesamt 583 Bombern. Es waren 490 Bomber vom Typ Boeing B-17 Flying Fortress und 93 Consolidated B-24 Liberator.

An dem Angriff waren folgende Bombergruppen der United States Army Air Force (*USAAF*) beteiligt: 44BG, 91BG, 92BG, 93BG, 94BG, 95BG, 96BG, 100BG, 303BG, 305BG, 306BG, 351BG, 379BG, 381BG, 384BG, 385BG, 388BG; 389BG, 390BG, 392BG und die 401BG.

15 der angreifenden B-17, sowie zwei B-24 Bomber wurden durch deutsche Flugabwehr oder deutsche Jagdflugzeuge abgeschossen. Eine B-17 erlitt einen Totalschaden, zusätzlich wurden 120 Flugzeuge vom Typ B-17 und 18 vom Typ B-24 beschädigt. Außerdem wurde der angreifende Bomberverband von amerikanischen Jagdflugzeugen begleitet, die den Verband vor angreifenden deutschen Jagdflugzeugen schützen sollte. Für diese Zwecke eskortierten 31 Flugzeuge vom Typ Lookheed P-38 Lightning, 313 Flugzeuge vom Typ Republic P-47 Thunderbolt und 44 vom Typ North American P-51 Mustang den Bomberverband. Von diesen Jagdflugzeugen wurden insgesamt vier abgeschossen und stürzten anschließend ab. Fünf weitere, davon zwei mit einem erlittenen Totalschaden und drei beschädigt, konnten noch nach England zurückkehren.[137] Insgesamt 971 amerikanische Flugzeuge flogen am 11.12.1943 in den ostfriesischen Luftraum ein.

Nach Beendigung des Angriffes wurde von den amerikanischen Streitkräften folgende Bilanz gezogen: Insgesamt wurden drei Besatzungsmitglieder getötet, 20 verwundet und 189 vermisst (wohlmöglich gefallen oder in Ge-fangenschaft geraten).[138]

Die Freiwillige Feuerwehr Osteel-Leezdorf rückte am 11. Dezember 1943 gegen 13:20 Uhr mit insgesamt elf Mann in einer Gruppe unter der Führung des damaligen Ortsbrandmeisters Gerd Edenhuizen nach Emden aus, um bei der Brandbekämpfung an insgesamt vier durch zwei Brisanz- und zwei Brandbomben hervorgerufenen Brandstellen zu unterstützen. Der Einsatz dauerte bis 13:30 Uhr des Folgetages.[139]

[137, 138] Vgl.: Freeman, Roger A.: Mighty Eighth War Diary, 1981

[139] Vgl.: Müller, Norbert: Chronik der „Freiw.-Feuerwehr Osteel", Osteel 2010, S.32

Abb.40 390thBG bei Angriff auf Emden 27.09.1943, Hintergrund Jagdflugzeuge

Abb.41 Die Absturzmaschine mit der Serialnummer 42-30411 (Pfeil)

Fallschirme aus Terrorbombern schweben vom Himmel

Den anglo-amerikanischen Luftgangstern wurde ein heißer Empfang bereitet

„Starke feindliche Bomberverbände flogen in den Mittagsstunden des Sonnabend unter Jägerschutz in den Nordteil des Gaues Weser-Ems ein und unternahmen bei völlig klarer Erdsicht einen Terrorangriff auf die Stadt Emden. Die in großer Anzahl und in mehreren Teppichen abgeworfenen Spreng- und Brandbomben richteten fast ausschließlich in Wohnvierteln größere Zerstörung an. Eine Schule, eine Kirche und zwei Museen brannten völlig aus, ein Krankenhaus wurde so schwer getroffen, daß es geräumt werden musste. Eine weitere Schule und mehrere öffentliche Gebäude wurden schwer beschädigt. Die Bevölkerung hatte 6 Gefallene, 8 Schwer- und 21 Leichtverwundete. – Andere feindliche Bomberverbände, die durch unsere Luftabwehr von ihren Zielen abgedrängt wurden, warfen größere Mengen von Spreng- und Brandbomben planlos auf ländliche Siedlungen der Kreise Norden, Aurich und Wittmund. Eine Anzahl von Bauernhöfen wurde durch Brand zerstört. Die Personenverluste betrugen 3 Gefallene und einen Verwundeten.

In den hellen, wolkenlosen Himmel, dessen Blau von der Mittagsonne wie mit blanker Seide übersponnen ist, dröhnt der Warnruf der Alarmsirenen, und wenige Minuten später hocken die Menschen in den Luftschutzräumen und warten auf das Nahen der feindlichen Bomber, deren Anflug gemeldet ist.

Ueber eine Viertelstunde ist vergangen, da tönt fernher das Wummern von Geschützen und bald darauf ist das erste dumpfe Brummen zu vernehmen. Aber in dem Sonnenglast ist vorerst nicht zu sehen, bis irgendwo, unendlich hoch, schwache Kondensstreifen erscheinen. In geraden Linien und schwungvollen Parabeln ziehen sie sich durch das azuren Blau, bald hier, bald dort, immer mehr. Und weit drüben an der Küste stehen Flakwölcken hoch in der Luft, reihen sich aneinander und übereinander, als sollte der Himmel mit weißen Tupfen gemustert werden.

Nun wissen wir, daß den anfliegenden Bombern durch Flakartillerie und Jäger ein heißer Empfang bereitet wird, aber wir wissen auch, daß sie erneut einen Terrorangriff auf die Stadt Emden durchführen wollen.

Die nächste Stunde ist erfüllt vom Dröhnen der Motoren, vom Donnern ferner Abschüsse und vom Krachen und Bersten zerplatzender Granaten, während die Jäger in heftigen Luftkämpfen sich immer wieder auf den Gegner stürzen, die Verbände sprengen und sie zum großen Teil schon vorzeitig zu ungezieltem Abwurf zwingen.

Plötzlich erscheint in einer Höhe von nur wenigen tausend Metern ein viermotoriger USA-Bomber, in seltsam schwankendem Flug und langsam durchfadend. Ist er getroffen und will er zur Notlandung ansetzen? Noch ist die Frage nicht ausgesprochen, da fliegt aus dem Rumpf ein weißer Bund nach hinten, wird größer: ein Fallschirm!

Gleich darauf ein zweiter und dritter, und während die Maschine stetig an Höhe verliert, kurz nacheinander der vierte und fünfte. Wie gewaltige Pilze schweben die Fallschirme am Himmel, sinken langsam nieder, wachsen und lassen unter sich die baumelnden Gestalten der abgesprungenen Flieger erkennen. Mit dem Winde treiben sie über die Stadt hinweg, und je tiefer sie sinken, desto schneller scheinen sie sich dem Erdboden zu nähern.

Wir jagen mit dem Kraftwagen ins Freie den vermutlichen Landestellen zu, da erschüttert eine langrollende Detonation die Luft, und gleichzeitig steigt in der Ferne eine riesige Rauchwolke auf. Der feindliche Bomber ist auf freies Feld gestürzt und beim Aufschlag mit voller Bombenlast explodiert. Noch sind wir auf der Fahrt, da geht in derselben Richtung ein zweiter Bomber nieder. Plötzlich hinter uns rasendes Flakfeuer, und als wir uns umsehen, stürzen in der Ferne zwei weitere USA-Bomber mit langen weißen Rauchfahnen ab. Sie taumeln heftig, und noch lange nachdem sie aufgeschlagen sind, stehen die Rauchfahnen seltsam gezackt wie Riesenhyroglyphen am Himmel.

Wir wollen uns wieder den gelandeten Besatzungen zuwenden, aber überall haben Landwacht und Gendarmerie sie bereits in Empfang genommen. Alle fünf, meist sehr junge Amerikaner, einer davon schwer verwundet, werden in die Gefangenschaft abtransportiert. Später erfahren wir, daß noch weitere sieben, zum Teil von außerhalb des Kreisgebietes abgeschossenen Bombern, aufgegriffen sind...

24 Angreifer, in der Mehrzahl schwere Viermotorige, wurden einwandfrei vom Himmel geholt, mancher anderer aber suchte mit schweren Treffern das Weite und hat auf dem Weg über See sicherlich die englische Insel nicht mehr erreicht. Die zusammengefaßte Abwehr hat den anglo-amerikanischen Luftgangstern einen konzentrierten Angriff unmöglich gemacht. Der größte Teil der Bomben ging auf freies Gelände nieder, und wenn hier und da auch in friedlichen Wohnvierteln schwerer Schaden angerichtet wurde, so sind die Verluste an Menschenleben dank dem disziplinierten Verhalten der Bewohner doch sehr gering. Wohl stehen manche vor den Trümmern ihrer Wohnstätten, aber auch diesmal zeigte die Bevölkerung wieder eine vorbildliche Haltung, die erneut bewies, daß die Widerstandskraft der Heimat auch durch noch so abscheulichen Terror nicht zu brechen ist."[140]

*Abb.42 **Boeing B-17 (Ser.Nr.: 42-30411) „Rose Marie", die in Leezdorf abstürzte***

---

[140] Vgl.: Ostfriesischer Kurier v. 13.12.1943

Die Boeing B-17 F „Flying Fortress" (fliegende Festung) war ein schwerer und einer der bekanntesten Bomber der US-Luftstreitkräfte während des zweiten Weltkrieges. Es war ein viermotoriges Flugzeug welches mit vier *Curtiss-Wright R-1820-97 Cyclone* Neunzylinder-Sternmotoren, die jeweils 1.215 PS leisteten, ausgestattet war. Es hatte eine Gesamtlänge von 22,80 Metern, eine Spannweite von 31,63 Metern und eine Tragflügelfläche von 141,90m².[141]

Die vollständige Besatzung der B-17 bestand aus zehn Personen: Dem Piloten (links im Cockpit), Co-Piloten (rechts im Cockpit), Bombenschützen (im Bugraum, gleichzeitig Bugschütze), Navigator (im Bugraum, ebenfalls auch Bugschütze), Techniker (hinter dem Cockpit, gleichzeitig Dachturmschütze), Funker (ebenfalls auch Dachturmschütze), Kugelschützen (in der „Kugel" am Rumpf), Seitenschützen links (in der Mitte des Rumpfes links), Seitenschützen rechts (in der Mitte des Rumpfes rechts) und des Heckschützen (im Heck unterhalb des Seitenleitwerkes). Der Rumpf der B-17 F war nicht komplett geschlossen, die Kampfstände der Seitenschützen waren komplett offen. Die Besatzungsmitglieder waren deshalb mit ausreichend Kälteschutzkleidung ausgestattet, außerdem trug jeder in großen Höhen eine Sauerstoffmaske. Jedes Besatzungsmitglied hatte zusätzlich ein Kehlkopfmikrofon und Kopfhörer, um über die Bordsprechanlage kommunizieren zu können.[142]

Die B-17 F war insgesamt mit 13 schweren Maschinengewehren vom Typ *Browning M2 Caliber .50 BMG* (Kaliber 12,7mm) ausgestattet (teilweise in Zwillings- und teilweise in Einzelausführung), um sich in alle Richtungen gegen angreifende Jagdflugzeuge zu verteidigen. Außer dem Piloten und dem CO-Piloten, betätigte jedes der zehn Besatzungsmitglieder ein solches Maschinengewehr. Es wurden insgesamt rund 7485 MG-Patronen mitgeführt, die auf die verschiedenen Waffenstände und auf Reservekisten verteilt wurden. An Bombenlast konnte die Maschine rund viereinhalb Tonnen transportieren.[143]

[141, 142, 143] Vgl.: Donald, David: Boeing Model 299 (B-17 Flying Fortress), The Encyclopedia of World Aircraft, Prospero Books, 1997, S.155

Das Flugzeug mit der Serialnummer 42-30411 und der Kennung BI-J, welches 1943 in den Leezdorfer Acker stürzte, trug zuerst den Spitznamen *„Hot Rocks II"* und wurde später in *„Rose Marie"* umbenannt. Die willkürliche Umbenennung von Flugzeugen der USAAF konnte verschiedene Gründe haben. Es wurde zum Beispiel aus Gründen wie Aberglaube oder eines Piloten- oder Crewwechsels der Spitzname eines Flugzeuges geändert. Die B-17F gehörte dem 568. Bombergeschwader der 390. Bombergruppe an (568BS/390BG).[144] Der Angriff auf Emden am 11. Dezember 1943 war die 36. Mission der 390. Bombergruppe und insgesamt die 19. und gleichzeitig letzte Mission der B-17 *„Rose Marie"*.[145]

Abb.43 Die B-17 (42-30411) hier noch als „Hot Rocks II" nach der 15. Mission

---

[144] Vgl.: USAAF, MACR Nr. 1727, 14.12.1943, S.2
[145] Vgl.: Powers, William M.: The 390th Memorial Museum AZ/USA, A/C 42-30411 list of mission flown (erhalten 19.02.2016)

Auf dem Bild erkennt man das linke bugseitige Maschinengewehr, welches bei Bedarf durch den Navigator bedient wurde. Ebenfalls zu erkennen ist direkt unter dem geöffneten Piloten-Fenster die Beschriftung mit dem Spitznamen „Hot Rocks II". Die aufgemalten Bomben geben die Anzahl der geflogenen Angriffe wieder, die sich zum Zeitpunkt der Aufnahme auf 15 beliefen. Die Hakenkreuze geben Auskunft über die Anzahl der erfolgten Abschüsse von deutschen Jagdflugzeugen durch die Besatzung mit den zur Verfügung stehenden Bord-Maschinengewehren. Diese beliefen sich zum Zeitpunkt der Aufnahme ebenfalls auf 15 Stück.

Der Bomber startete am 11.12.1943 auf dem Flugplatz in Framlingham, Suffolk an der Ostküste Englands mit folgender Besatzung:[146]

- **Pilot:** *1st Lieutenant John H. Lashly* (Kennung: 0-729191)
- **Co-Pilot:** *2nd Lieutenant Richard N. Steele* (Kennung: 0-687087)
- **Navigator:** *2nd Lieutenant Herbert Snelgrove* (Kennung: 0-752511)
- **Bombenschütze:** *2nd Lieutenant Dominick J. Tutino* (Kennung: 0-685810)
- **Funker:** *Staff Sergeant Forest Wodman* (Kennung: 11122221)
- **Dachturmschütze:** *Staff Sergeant Robert N. Queener* (Kennung: 39320594)
- **Kugelschütze:** *Sergeant Edward J. Teaman* (Kennung: 13131739)
- **Heckschütze:** *Staff Sergeant Robert E. Jones* (Kennung: 39106611)
- **Rechter Seitenschütze:** *Sergeant Stephen O. Russell* (Kennung: 34490149)
- **Linker Seitenschütze:** *Sergeant Clyde Holder* (Kennung: 15382289)

Abb.44 Besatzungsliste im Original „Missing Air Crew Report[147] 1726"

---

[146] Vgl.: USAAF, MACR Nr. 1727, 14.12.1943, S.2

[147] *Missing Air Crew Report (MACR):* Die US Luftwaffe erstellte ab Mai 1943 diese Reporte, um sämtliche Informationen (Augenzeugenberichte, Positionsangaben, Informationen über Flugzeug/Besatzung) bezüglich vermisster Besatzungen zu dokumentieren. Sie wurden 48 Stunden nach Verlust des Flugzeuges durch die zuständige Einheit erstellt.

Die originalen Aussagen der überlebenden Besatzungsmitglieder aus dem entsprechenden *Missing Air Crew Report* (MACR), befinden sich soweit vorhanden, übersetzt in deutscher Sprache in den Anlagen dieses Buches.

Das Flugzeug flog, wie geplant in der Bomber-Formation, über die Nordsee in den ostfriesischen Luftraum ein. Zuvor (ca. 10min vor geplanter Ankunft im Zielgebiet) wurde von der Besatzung noch ein routinemäßiger Sauerstoff-Check durchgeführt.[148] Bei Erreichen der ostfriesischen Inseln um ca. 12:30 Uhr wurde das Flugzeug in einer Höhe von 24500 Fuß (7500 Meter)[149] von deutscher Flugabwehr und Jagdflugzeugen erfasst und erlitt dabei einen schwerwiegenden Schaden. Die gesamte Heckkonstruktion ist durch den Angriff stark beschädigt worden. Der sich dort befindende Heckschütze *S/Sgt. Robert E. Jones*, wurde sofort getötet.[150] Anschließend verließ das Flugzeug die Formation und die Besatzung bereitete sich auf den Absprung vor, um die Maschine rechtzeitig mit dem Fallschirm verlassen zu können. Der linke Seitenschütze *Sgt. Clyde Holder* wurde zuvor durch ein 20mm Geschoss im Bein verwundet. Der rechte Seitenschütze, der Kugelturmschütze und der Funker versuchten Holder zu helfen, damit dieser ebenfalls mit dem Fallschirm aus dem abstürzenden Flugzeug entkommen konnte. Während dieser Aktion wurde Clyde Holder durch ein weiteres 20mm Geschoss in die Brust tödlich getroffen.[151]

Als nächstes sprangen dann nacheinander alle Besatzungsmitglieder durch die Nasenluke oder Mitteltür aus dem abstürzenden Flugzeug. Der *Co-Pilot Lt. Richard N. Steele* wurde schwer verwundet, ihm halfen der Bombenschütze, der Navigator und der Techniker bzw. Dachturmschütze aus der Mitteltür des Flugzeuges. Der Pilot *Lt. John Lashly* war der letzte, der das Flugzeug verließ.[152]

---

[148] Vgl.: USAAF, MACR Nr. 1727, 14.12.1943, S.12, Individual Casualty Questionnaire R. N. Steele

[149] Vgl.: USAAF, MACR Nr. 1727, 14.12.1943, S.14, Casualty Questionnaire R. N. Steele

[150] Vgl.: USAAF, MACR Nr. 1727, 14.12.1943, S.6, Individual Casualty Questionnaire R. N. Queener

[151] Vgl.: USAAF, MACR Nr. 1727, 14.12.1943, S.11,Individual Casualty Questionnaire H. Snelgrove

[152] Vgl.: USAAF, MACR Nr. 1727, 14.12.1943, S.9, Casualty Questionnaire H. Snelgrove

Das Flugzeug bohrte sich nach dem Absturz mit der Flugzeugnase voran in den Acker, der an den „Moortunweg", den „Leezweg" und den „Junkersweg" grenzt (Absturzstelle ist nach Zeitzeugenberichten in den Kartenausschnitt eingezeichnet).[153] Die exakte Absturzstelle liegt bereits grenznah im Bereich der Ortschaft Leezdorf. Die letzten Besatzungsmitglieder verließen die abstürzende Maschine erst kurz vor dem Aufprall und der Detonation in dem Leezdorfer Acker.

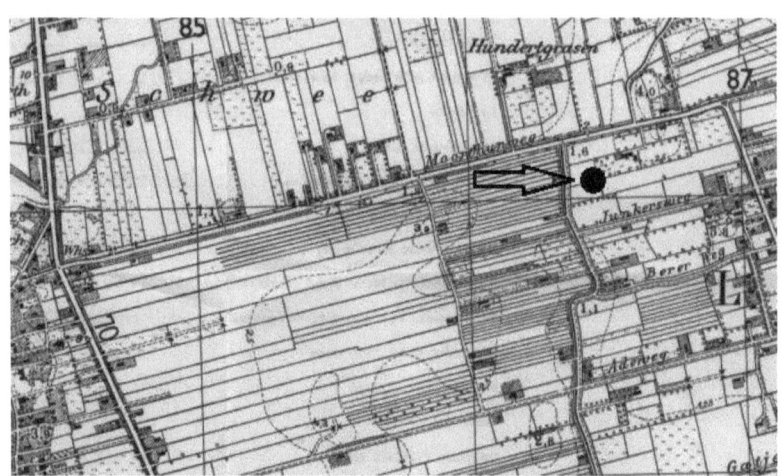

Die Absturzstelle ist mit einem Punkt gekennzeichnet

Da der Absturz relativ schnell verlief, hatte die Besatzung keine Zeit mehr vor ihrem Verlassen der Maschine die gesamte Bombenlast abzuwerfen. Das Flugzeug schlug mit fast der gesamten Bombenlast auf dem Boden auf, dies führte zu einer heftigen Detonation. Der Navigator *Lt. Snelgrove* bezifferte die im Flugzeug befindliche Bombenlast auf ca. 1,8 Tonnen.[154]

Eine oder mehrere Bomben, die zuvor noch abgeworfen werden konnte, schlugen in die Besitzungen des Osteelers Okke Okkenga ein, der anschließend einen Flurschaden in Form eines sog. „Trichterschaden" als Kriegssachschaden mit einer entstandenen Schadenssumme von 500 Reichsmark (RM) meldete.[155]

---

[153] Qu.: Gerdsen, Hans; Wallis, Wilhelm; Jannßen, Enno; Stein, Laura: Zeitzeugen-Erinnerungen Osteel, Interviews 2015/16

[154] Vgl.: USAAF, MACR Nr. 1727, 14.12.1943, S.10,Individual Casualty Questionnaire H. Snelgrove

[155] Vgl.: NLA AU, Rep. 16/1, Nr. 338, Ziffer

Die Boeing B-17 „*Rose Marie*" flog im Jahr 1943 insgesamt 18 erfolgreiche Missionen unter Pilot *Kenneth E. Dougherty*. Bei der 19. Mission am 11.12.1943 übernahm *John H. Lashly*, der bei der 18. Mission am 30.11.1943 mit dem Ziel Solingen bereits als Co-Pilot mit der Maschine flog, die Funktion des Piloten.[156] Es erscheint als eine traurige Ironie des Schicksals, dass die Maschine nach 18 erfolgreichen Missionen unter *Kenneth E. Dougherty* dann schließlich in der 19. Mission[157], die zugleich für *John H. Lashly* die erste als Pilot von „Rose Marie" war, abgeschossen wurde und anschließend abstürzte.

*Abb.45 **Die B-17 „Rose Marie" zwischen der 18. und 19. Mission, mit Co-Pilot***

---

[156] Vgl.: Powers, William M.: The 390th Mermorial Museum AZ/USA, A/C 42-30411 Crew l0 list (erhalten 19.02.2016)

[157] Vgl.: Powers, William M.: The 390th Mermorial Museum AZ/USA, A/C 42-30411 list of mission flown (erhalten 19.02.2016)

Durch die Wucht der Explosion wurden zwei Gebäude auf der gegenüberliegenden Seite des Leezweges beschädigt.[158] Außerdem bildete sich ein sehr großer und tiefer Krater innerhalb des Ackers aus. Der brennende Phosphor von abgeworfenen Phosphor-Bomben richtete ebenfalls Schaden, hauptsächlich auf Ländereien, an.[159]

Die acht Besatzungsmitglieder, die sich mithilfe des Fallschirmes rechtzeitig aus der Maschine retten konnten, kamen an verschiedenen Stellen in der Umgebung auf ostfriesischem Boden auf. Die gelandeten Amerikaner wurden relativ schnell durch Einwohner, Landwacht oder Gendarmerie festgenommen.[160]

Insgesamt drei Besatzungsmitglieder landeten in Osteel und wurden anschließend festgenommen. Ein Besatzungsmitglied landete mit dem Fallschirm in der Nähe des „Woldeweges" in Osteel. Um nach der Landung nicht von dem heranrückenden Hilfspolizisten, der mit dem Fahrrad in Richtung des vermuteten Landepunktes unterwegs war, entdeckt zu werden, versteckte er seinen Fallschirm und legte sich in den Entwässerungsgraben. Der Hilfspolizist entdeckte ihn auf dem Rücken liegend im Wasser, nur das Gesicht befand sich über der Wasseroberfläche eines Grabens der Ländereien am „Woldeweg". Anschließend wurde er festgenommen und zum damaligen Hof des ehemaligen Bürgermeisters Itzenga (Heutiger Hof „Am Storchennest 10" in Osteel) verbracht. Hier warteten er und seine drei Kameraden auf einem Stein sitzend auf Weiteres. Die Amerikaner riefen viel Unmut unter der Osteeler Bevölkerung hervor. Anschließend mussten die drei Gefangenen unter Begleitung zu Fuß die „Brookmerlander Straße" entlang nach Marienhafe laufen. In Marienhafe wurden sie dann im Kirchturm eingesperrt, bis sie letztendlich von anrückenden Wehrmachtssoldaten aus Wittmundhafen festgenommen wurden.[161] Die Ergreifung von abgesprungenen Besatzungsmitgliedern durch die Bürger wurde in der Regel mit mindestens einem Tag Sonderurlaub honoriert.

---

[158] Qu. u. Vgl.: Gerdsen, Hans: Zeitzeugen-Erinnerungen Osteel, Interview 11/2015; USAAF, MACR Nr. 1727, 14.12.1943, S.11, Individual Casualty Questionnaire H. Snelgrove

[159] Qu.: Jannßen, Enno: Zeitzeugen-Erinnerungen Osteel, Interview 01/2016

[160, 161] Qu.: Bogena, Heyo; Jannßen, Enno: Zeitzeugen-Osteel, Interview 01/2016

Eine Zuordnung der drei Besatzungsmitglieder, die in Osteel landeten, konnte leider nicht exakt vorgenommen werden, allerdings ist es wahrscheinlich, dass es sich dabei um Besatzungsmitglieder handelte, bei denen im Folgenden als Ort der Festnahme nur die grobe Angabe „nahe oder nördlich von Emden" gemacht wurde. Aus den Berichten über die Festnahmen der überlebenden Besatzungsmitglieder (außer dem Navigator *2nd Lt. Herbert Snelgrove*), die durch die zuständige Stelle der Luftwaffe (in diesem Falle Wittmundhafen)[162] erstellt wurden, geht folgendes hervor:

- Der **Pilot** *1st Lt. John H. Lashly* geriet am Nachmittag des 11.12.1943 in der Nähe von Emden in Gefangenschaft und wurde am 13.12.1943 in das Durchgangslager der Luftwaffe (DuLag Luft)[163] Oberursel (Taunus) verbracht.[164]

- Der **Copilot** *2nd Lt. Richard N. Steele* wurde aufgrund seiner Verwundung in das Marinelazarett Emden verbracht, die Verwundung heilte langsam aus, trotzdem war er am 13.04.1944 immer noch nicht gehfähig. Die letzte Meldung über seinen gesundheitlichen Zustand ist mit dem 25.04.1944 datiert.[165]

- Der **Bombenschütze** *2nd Lt. Dominick J. Tutino* geriet am 11.12.1943 um ca. 13:00 Uhr, kurz nach dem Absturz zusammen mit *T/Sgt. Robert N. Queener*, in der Nähe von Hage in deutsche Gefangenschaft und wurde am 12.12.1943 in das Durchgangslager der Luftwaffe Oberursel (Taunus) verbracht. *Dominick Tutino* wurde bei seiner Festnahme durch die Wehrmacht fälschlicherweise der ebenfalls am 11.12.1943 in Westdorf (Dornum) abgestürzten Boeing B-17 Besatzung zugeordnet.[166]

- Der **Funker** *S/Sgt. Forrest Woodman* geriet am Nachmittag des 11.12.1943 nördlich von Emden in Gefangenschaft und wurde am 13.12.1943 in das Durchgangslager der Luftwaffe Oberursel (Taunus) verbracht.[167]

- Der **Techniker und Dachturmschütze** *T/Sgt. Robert N. Queener* geriet am 11.12.1943 um ca. 13:00 Uhr, kurz nach dem Absturz zusammen mit *2nd Lt. Dominick J. Tutino*, in der Nähe von Hage in deutsche Gefangenschaft und wurde am 12. oder 13.12.1943 in das Durchgangslager der Luftwaffe Oberursel (Taunus) verbracht. *Robert Queener* wurde, wie auch *Dominick*

Tutino, bei seiner Festnahme durch die Wehrmacht fälschlicherweise der in Westdorf (Dornum) abgestürzten Maschine zugeordnet.[168]

- Der **Kugelschütze** *Sgt. Edward J. Teamann* geriet am Nachmittag des 11.12.1943 nördlich von Emden in Gefangenschaft und wurde am 13.12.1943 in das Durchgangslager der Luftwaffe Oberursel (Taunus) verbracht.[169]

- Der **rechte Seitenschütze** Sgt. *Stephen Orville Russel* geriet am Nachmittag des 11.12.1943 nördlich von Emden in Gefangenschaft und wurde am 13.12.1943 in das Durchgangslager der Luftwaffe Oberursel (Taunus) verbracht.[170]

Über den Verbleib der beiden toten Besatzungsmitglieder ist durch die deutsche Berichterstattung folgendes bekannt:

- Der **linke Seitenschütze** *Sgt. Clyde Holder* wurde am Abend des 12.12.1943, also einen Tag nach dem Absturz, in dem Flugzeugwrack gefunden. Der Körper war bis zur Unkenntlichkeit verbrannt. *Clyde Holder* wurde am 15.12.1943 auf dem Friedhof in Wittmund (Grabnummer 144) beerdigt. Nach Kriegsende wurden die sterblichen Überreste auf den amerikanischen Friedhof mit Gedenkstätte in die Ardennen (Neupré, Belgien) überführt. Seine letzte Ruhe fand *Clyde Holder* letztendlich nach einer erneuten Umbettung auf einem Friedhof im US-Bundesstaat Kentucky.[171]

- Der **Heckschütze** *S/Sgt. Robert E. Jones* wurde erst am 29.12.1943, bei der Bergung des Flugzeugwrackes, an der Absturzstelle gefunden. *Robert E. Jones* war ebenfalls bis zur Unkenntlichkeit verbrannt. Am 31.12.1943 wurde er auf dem Friedhof in Wittmund (Grabnummer 169) beerdigt. Nach Kriegsende wurden die sterblichen Überreste auf den amerikanischen Friedhof mit Gedenkstätte in die Ardennen (Neupré, Belgien) überführt. Seine letzte Ruhe fand Robert E. Jones letztendlich auf dem Nationalfriedhof der Vereinigten Staaten in San Bruno im US-Bundesstaat Kalifornien.[172]

Auf der folgenden Seite befindet sich eine Fotografie, auf der die gesamte o. g. Besatzung vor ihrem Flug nach Emden am 11. Dezember 1943 zu sehen ist. Es wird die 19. und letzte Mission der Crew werden.

Abb.46 Die Crew von „Rose Marie" vor dem Angriff am 11.12.1943 auf Emden

---

[162] Vgl.: USAAF, MACR Nr. 1726, 14.12.1943, S.4, Report on capture of members of enemy Air Forces

[163] *DuLag Luft*: Das *Durchgangslager der Luftwaffe* (ab 1943 offiziell *Auswertestelle West*) war ein Verhör- und Durchgangslager für feindliche Luftwaffenangehörige und befand sich in Oberursel (Nähe Frankfurt a.M.). Sämtliche feindliche Luftfahrzeugbesatzungen wurden hierher verbracht, egal wo sie aufgegriffen wurden, und wurden im *DuLag Luft* verhört bevor sie auf Stammlager verteilt wurden. Die Wehrmacht konnte so Informationen über die alliierten Luftstreitkräfte gewinnen.

[164] Vgl.: USAAF, MACR Nr. 1726, 14.12.1943, S.32, Report on capture J. H. Lashly

[165] Vgl.: USAAF, MACR Nr. 1726, 14.12.1943, S.20-24, Medical Report R. N. Steele

[166] Vgl.: USAAF, MACR Nr. 1726, 14.12.1943, S.16, Report on capture D. J. Tutino

[167] Vgl.: USAAF, MACR Nr. 1726, 14.12.1943, S.30, Report on capture F. Woodman

[168] Vgl.: USAAF, MACR Nr. 1726, 14.12.1943, S.15, Report on capture R. N. Queener

[169] Vgl.: USAAF, MACR Nr. 1726, 14.12.1943, S.31, Report on capture E. J. Teamann

[170] Vgl.: USAAF, MACR Nr. 1726, 14.12.1943, S.33, Report on capture S. O. Russel

[171] Vgl.: USAAF, MACR Nr. 1726, 14.12.1943, S.9, Report on capture C. Holder

[172] Vgl.: USAAF, MACR Nr. 1726, 14.12.1943, S.34, Report on capture R. E. Jones

Das Flugzeugwrack der in Leezdorf/Osteel abgestürzten B-17 wurde nach dem Absturz durch die Wehrmacht abgesperrt und anschließend durch einen einzelnen Wachposten bewacht.[173] Es sollte verhindert werden, dass strategisch/ materiell wertvolle Teile und Materialien von der Absturzstelle entfernt werden konnten. Außerdem sollte die Bevölkerung vor gefährlicher und giftiger Munition, Materialien und Flüssigkeiten geschützt werden.

10. *Sicherstellung von Beutematerial bei abgeschossenen Feind-flugzeugen.*

Bei abgeschossenen Feindflugzeugen sind nicht nur die Flugzeug- und Motorenteile, Navigations- und Funkgeräte sondern auch die in der Feindmaschine oder bei den Besatzungsmitgliedern befindlichen Druck- und Schriftstücke, z.B. Navigationsunterlagen, Funkunterlagen, Zielunterlagen, technische Unterlagen sowie Privatpapiere der einzelnen Besatzungsmitglieder, z.B. Ausweise, Brieftaschen, Notizbücher, Briefe, Rechnungen, sogar Straßenbahnbillets, Theaterkarten usw. von besonderer Bedeutung und ermöglichen der Führung unter Umständen Entschlüsse von welttragender militärischer Bedeutung.

Die Absperrung abgeschossener Feindflugzeuge ist den zuständigen Luftwaffen- und Polizeidienststellen, insbesondere bei einer Vielzahl von abgeschossenen Feindflugzeugen, nicht immer möglich. Dies hat dazu geführt, daß unbefugte Personen wichtige Bestandteile des Flugzeuges oder sonstiges Beutematerial sich angeeignet haben.

Es ist deshalb dringend notwendig, daß alle Kreise der Bevölkerung über folgendes aufgeklärt werden:

1. Die Aufschlagstelle eines abgeschossenen Feindflugzeuges ist sofort der Polizeidienststelle oder einer Dienststelle der Wehrmacht zu melden.

2. Das Betreten der Absturzstelle ist gefährlich, denn es können noch Bomben und Sprengkörper explodieren.

3. Aus Beutestücken können wertvolle Erkenntnisse über den Feind gezogen werden. Alles Beutematerial, das gefunden wird, auch unwichtig erscheinende oder beschädigte Teile, Papiere, Notizen usw., ist deshalb sofort der nächsten Luftwaffen- oder Polizeidienststelle abzuliefern. Dazu gehören selbstverständlich auch die Bekleidungsstücke der Besatzungsmitglieder.

4. Das Betreten der Absturzstellen ist nur den Angehörigen der Wehrmacht und der Polizei, die einen numerierten Sonderausweis des zuständigen Luftgaukommandos besitzen, gestattet.

*Abb.47 **Vorgehens- und Verhaltensweise bei Absturzstellen***

Im Laufe der Zeit kam es dennoch vor, dass Teile von der Absturzstelle entfernt wurden. Grade für die ortsansässigen Kinder war so ein Flugzeugabsturz immer eine interessante und nicht alltägliche Attraktion. Einige Kinder fanden an oder in der direkten Umgebung dieser Absturzstelle z.B. *.50 BMG*-Patronen der *Browning M2*-Bordwaffen, die in langen Ketten an der Absturzstelle lagen. Nicht selten wurden diese dann heimlich entwendet um das enthaltene Schwarzpulver zu entfernen und anzuzünden.[173] Gleiches galt auch zum Beispiel für Fallschirme oder Luftfahrzeugmaterialien allgemein, da es sich meist um wertvolle Stoffe wie Seide, Aluminium oder Messing handelte. Nachdem sich das Wrack ca. zweieinhalb Wochen an der Absturzstelle befunden hatte, wurde es am 29.12.1943 geborgen.[174] Das aus dem Acker senkrecht in die Höhe ragende Flugzeugheck mit Leitwerk bot ein sehr markantes Bild bis die Wehrmacht mit schwerem Gerät anrückte und die Absturzstelle vollständig räumte. Während dieser Bergung wurden auch die sterblichen Überreste des Heckschützen *S/Sgt. Robert E. Jones* gefunden, die im Wrack eingeklemmt waren.[175] Der Leichnam war aufgrund der niedrigen Temperaturen komplett gefroren.[176] Der entstandene Krater wurde mit Schutt und Erde verfüllt.

*Abb.48 **Die Absturzstelle der B-17"Rose Marie" heute***

---

[173]   Qu.: Gerdsen, Hans; Wallis, Wilhelm: ZZ-Er. Osteel, Interview 11/2015 u. 02/2016

[174, 175]   Vgl.: USAAF, MACR Nr. 1726, 14.12.1943, S.34, Report on capture R. E. Jones

[176]   Qu.: Wallis, Wilhelm: ZZ-Er. Osteel, Interview 02/2016

4. Luftangriffe

Osteel blieb während des zweiten Weltkrieges von größeren Bombenschäden verschont, obwohl die Nähe zu den hochfrequentierten Zielen der alliierten Bomberverbände wie z.b. Emden oder Wilhelmshaven gegeben war. Primär fielen alliierte Bomben nur z.b. aufgrund eines Notabwurfes durch abstürzende Flugzeuge, mit dem Ziel sich von verbliebener Bombenlast vor dem Rückflug nach England zu entledigen oder durch Zielverfehlung eines „*Target of opportunity*" (Gelegenheitsziel)[177] wie zum Beispiel Norden. Zusätzlich kam es in der letzen Phase des Krieges in Osteel, wie auch in vielen anderen Teilen von Deutschland, zunehmend zu heftigem Bordwaffenbeschuss durch Tiefflieger.

4.1 Bombenabwürfe

Osteel lag oftmals direkt in der Ein- oder Ausflugschneise der alliierten Bomberverbände, die Angriffe auf Wilhelmshaven, Emden oder das Ruhrgebiet flogen, da diese durch Hafen- Werft und/oder Industrieanlagen ein großes Angriffziel darstellten. Direkt nach Kriegsbeginn durch den deutschen Überfall auf Polen am 1. September 1939 wurde bereits am 3. September 1939 ein britischer Angriff auf den damaligen Kriegshafen in Wilhelmshaven geflogen bei dem acht Marinesoldaten ums Leben kamen.[178] Nach dem „Luftgefecht über der Deutschen Bucht" am 18. Dezember 1939 führte die englische RAF (Royal Air Force) ihre Luftangriffe nicht mehr am Tage sondern fast ausschließlich in der Nacht durch.[179] Die Angriffe nahmen in den Folgejahren des Krieges erheblich zu, so galt zu Kriegsbeginn ein Luftangriff auf Städte noch als unangemessen und provokant, einzig Luftangriffe auf ausschließlich militärische Ziele ohne Gefahr für zivile Opfer waren akzeptabel. Diese Ansicht änderte sich im weiteren Kriegsverlauf jedoch grundsätzlich.

---

[177] Vgl.: McArthur, Charles W.: Operations Analysis in the U.S. Army Eighth Air Force in World War II, Amercian Mathematical Society, 1991, S.120

[178] Vgl.: Janßen, Dietrich: Bunkermuseum Emden – Bombenabwürfe für das Jahr 1939 unter: http://www.bunkermuseum.de/angriffe_emden/bomben_benachbarte_bereiche/bereiche_1939.htm (abgerufen 22.02.2016)

[179] Vgl.: Bekker, Cajus: Angriffshöhe 4000, Wilhelm Heyne Vlg. München, 1972, S.111

Abb.50 USAAF Boeing B-17 der 331BS/94BG bei einem Angriff auf Emden am 27.09.1943. Rechts unten im Bild ist das „Große Meer" in Südbrookmerland zu erkennen (1.), in der Bildmitte der Bomber „Elusive Elsy" mit der SerNr: 42-5888, der nach dem Verlust/Abschuss der linken Tragfläche abstürzt (2.).

93

Am 27. Januar 1943 wurde Wilhelmshaven als erste deutsche Stadt durch US-amerikanische Bomberverbände angegriffen, die bei einem Tagesangriff Hafenanlagen und Lagerhäuser bombardierten.[180] Am 6. September 1944 erlebte Emden die größte Katastrophe in der Geschichte der Stadt, als alliierte Bomberverbände ca. 80% der Innenstadt bei einem Luftangriff mit Spreng- und Brandbomben zerstörte.[181] Längst waren nicht mehr nur rein militärische Ziele im Fokus der Luftangriffe, sondern auch die Demoralisierung der deutschen Bevölkerung, die den Luftangriffen teilweise schutzlos ausgeliefert war.

Im Zuge der im Januar 1943 abgehaltenen „Casablanca-Konferenz", änderten die Westalliierten ihre Kriegsziele dahingehend, dass jetzt eine „bedingungslose Kapitulation des Deutschen Reiches, Italiens und Japans" angestrebt wurde. Aufgrund dieser Zielsetzung beschlossen die Westalliierten auch die Luftangriffe auf deutsche Städte auszuweiten, die Briten flogen fortan nachts und die Amerikaner tagsüber. Ebenfalls wurde zunehmend der Einsatz von Brand- und Sprengbomben praktiziert um durch das „area-bombing"[182] ganze Städte mit Bombenteppichen zu belegen, anstatt nur Punktziele anzugreifen.

Im Zuge dieser Strategie wurde am 27. September 1943 auch die Stadt Esens bombardiert. Die Gründe für die Bombardierung sind prinzipiell unklar, es handelte sich nicht um „Notabwürfe" sondern um einen gezielten Angriff. Möglicherweise konnten einige amerikanische Bomber aufgrund der dichten Wolkendecke und der schlechten Sicht das eigentliche Ziel, die Seehafenstadt Emden, nicht ausmachen und wählten Esens daher als „Target of opportunity". Bei diesem verheerenden Luftangriff verloren insgesamt 153 Menschen ihr Leben und ein großer Teil der Stadt wurde zerstört. Der Angriff forderte auf schreckliche Weise unter den 153 Opfern auch über 100 Kinder und Jugendliche, die in Esens fern der Städte in Sicherheit vermutet wurden.[183] Noch heute werden jedes Jahr am 27. September die Glocken der St. Magnuskirche in der Zeit von 11:00 – 11:15 Uhr geläutet, der Zeitraum in dem 1943 die Bomben fielen. Die letzten Bomben in Ostfriesland fielen noch Anfang Mai, kurz bevor die Kapitulation der deutschen Wehrmacht am 7. Mai 1945 im Auftrag von Großadmiral Karl Dönitz durch Generaloberst Alfred Jodl unterschrieben wurde.[184]

Auf Osteel fielen die meisten Bomben im Zeitraum von 1940-1942, als die englische RAF Luftangriffe auf Wilhelmshaven, Emden und die ostfriesischen Inseln flog.[185] Bei den Abwürfen handelte es sich meistens um Notabwürfe von z.b. abstürzenden Maschinen oder von Flugzeugen, die vor dem Rückflug nach England noch ihre gesamte Bombenlast abwerfen wollten. Die Bomben trafen unbewohntes Gebiet und richteten hauptsächlich Flur- oder Tierschäden an.[186] Anders im Nachbarort Marienhafe, wo im Sommer 1942 eine sog. Luftmine detonierte. Bei Luftminen handelte es sich um große und schwere Sprengbomben, die mittelst Aufschlagzünder am Boden detonierten. Die Luftminen verfügten über eine relativ dünne Hülle, besaßen dafür aber verhältnismäßig große Ausmaße und waren zu ca. 80% ihres Gesamtgewichtes mit hochexplosivem Sprengstoff gefüllt. Bei der Detonation einer Luftmine waren die Splitterwirkung und der Explosionskrater relativ gering, dafür entstand eine sehr starke Detonations-welle. Diese extreme Druckwelle war in der Lage noch in einem Umkreis von bis zu 2000m Fensterscheiben zersplittern zu lassen. In Marienhafe kam es nach der Detonation zu rund 85 Meldungen über Gebäudeschäden durch Kriegseinwirkungen.[187] In der Masse handelte es sich bei den gemeldeten Schäden um zerborstene Fensterscheiben oder abgedeckte Dächer.

Bei einem gemeldeten Angriff von feindlichen Bomberverbänden wurde der sog. „Fliegeralarm" ausgelöst. Dieser wurde durch elektrische, soweit vorhanden, oder durch handbetriebene Sirenen ausgelöst. Im weiteren Verlauf des Krieges kam es auch zu Stromsperrstunden, in denen ein Auslösen der elektrischen Fliegeralarm-Sirenen nicht mehr möglich war. Bei einem „Kleinalarm" sollte hier ebenfalls eine Alarmierung via Handsirenen erfolgen, bei einem „Fliegeralarm" sollte die Glocke der örtlichen Kirche für eine Minute läuten. Entwarnung wurde dann wiederum durch Handsirenen gegeben.[198]

---

[180] Vgl.: Lehman, Alfred: KTB 1939-45, HZA Emden, S.17

[181] Vgl.: Lehman, Alfred: KTB 1939-45, HZA Emden, S.25-26

[182] Vgl.: British Air Ministry, Area Bombing Directive (General Directive No.5 (S.46368/ D.C.A.S)), 14.02.1942

[183] Vgl.: Lehman, Alfred: KTB 1939-45, HZA Emden, S.20

[184] Vgl.: Lehman, Alfred: KTB 1939-45, HZA Emden, S.29

[185, 186] Vgl.: NLA AU, Rep. 16/1, Nr. 338

[187] Vgl.: NLA AU, Rep. 16/1, Nr. 337

[188] Vgl.: NLA AU, Rep. 20, Nr. 729; Ostfriesischer Kurier v. 09.04.1945

Ebenfalls gab es die Anweisung, dass bei Fliegeralarm alle Hauptgashähne im Ort zu schließen waren. Dies änderte sich allerdings im November 1943 als der Landrat Aurich am 03. November eine Weisung herausgab, die eine Schließung der Hauptgashähne nur bei einem tatsächlichen Bombenwurf oder bei Flak-Beschuss verordnete. Verantwortlich für die Durchsetzung dieser Maßnahme war der örtliche Luftschutzwart[189], oder eine von ihm beauftragte Person.[190] Bei Dunkelheit waren alle Bewohner dazu angehalten, sämtliche Lichtquellen auszuschalten, zu vermeiden oder zu verdunkeln. Die sog. „Verdunkelungsmaßnahmen" wurden mit Beginn des Krieges im September 1939 eingeführt und galten als wirksames Mittel sich bei Dunkelheit der Sicht von feindlichen Flugzeugen zu entziehen, die somit keine oder nur erschwert Angriffsziele am Boden ausmachen konnten.[191]

*Abb.51 **deutsches Verdunkelungsplakat 1940***

Wurde ein Fliegeralarm ausgelöst, hatte die Bevölkerung bestimmte Verhaltensmaßnahmen einzuhalten. Alle Bewohner sollten Schutz suchen und sich in Gebäuden oder in luftschutzgeeigneten Bunkern aufhalten. Die durchzuführenden Maßnahmen im Falle eines Fliegeralarms wurden oftmals auch durch die örtlichen Wachtmeister der Polizeidienstellen kontrolliert. Bei einem festgestellten Verstoß konnten empfindliche Strafen drohen, meistens in Form eines vergleichsweise hohen Bußgeldes. In den ländlichen Gegenden wie Osteel wurden als Luftschutzbauten teilweise kleine „Bunker" aus Heu- und Strohballen errichtet.[192] Diese Unterschlüpfe boten keinen besonderen Schutz gegen direkte Bombentreffer, sondern vielmehr Schutz vor Splittern oder herumfliegenden Fremdkörpern, die durch einen naheliegenden Bombentreffer oder Flugzeugabsturz entstehen konnten. In manchen Fällen wurden auch vorhandene Keller in den Häusern von Osteeler Bürgern entsprechend mit Stützen verstärkt und ausgebaut um einen luftschutzgerechten Keller darzustellen[193], in dem sich auch Personen aus dem direkten Umfeld bei Fliegeralarm aufzuhalten hatten. Während des Aufenthaltes in Luftschutzeinrichtungen konnte man nicht sehen, was draußen passierte. Grade für die Kinder war dieses schwierig zu ertragen und oftmals gingen sie bei Luftangriffen auf Emden nach draußen, um sich das „Spektakel" am Himmel anzuschauen.[194] Die anfliegenden Bomberverbände flogen oftmals direkt über Osteel hinweg und waren bei guter Sicht gut zu erkennen. Im Dunkeln war der Himmel über Emden, bei Nachtangriffen hauptsächlich durch die RAF, durch die Flakscheinwerfer-Einheiten, den Abschuss von Leuchtspurmunition und letztendlich auch durch den Abwurf von Brand- und Sprengbomben hell erleuchtet. Zwischen alliierten und deutschen Flugzeugen fanden Luftkämpfe teilweise direkt über Osteel statt. Auf der folgenden Seite befindet sich eine Tabelle (*Abb.52*), erstellt anhand der noch vorhandenen (lückenhaften) Karteikarten zu Verfahren über angezeigte Kriegssachschäden in Osteel, die ab 1941 geführt wurden. Soweit vorhanden und gepflegt handelt es sich bei „Trichter-, Tier-, und Gebäudeschäden" meist um Schäden verursacht durch Bomben oder Tiefflieger.

---

[189] *Luftschutzwart*: Der Luftschutzwart war für alle Maßnahmen im Bezug auf Luftschutzmaßnahmen in der zugeteilten Luftschutzgemeinschaft zuständig. Das umfasste z.B. technische Maßnahmen, die Alarmierung der Gemeinschaft, Kontrolle LS-Maßnahmen usw.

[190] Vgl.: NLA AU, Rep. 20, Nr. 729

[191] Vgl.: Reichsluftschutzbund e.V.: Richtl. für die Durchführung der Verdunkelung, 1936

[192, 194] Vgl.: Gerdsen, Hans: Zeitzeugen-Erinnerungen Osteel, Interview 11/2015

[193] Vgl.: Bogena, Heyo: Zeitzeugen-Erinnerungen Osteel, Interview 01/201

Nr.	Datum Kriegsschaden	Kriegsschaden	Name	Wohnort	Datum Vorauszahlung	Vorauszahlung
1	29.03.1941	Trichterschaden	Andreas Ippen	Osteel, Rott 2 Nr. 16	09.05.1941	70 RM
2	16.04.1941	Trichterschaden	Hanno Stehen	Osteel, Rott 4 Nr. 4	09.05.1941	70 RM
3	02.06.1941	Trichterschaden	Daniel Ahrichs	Osteel, Str. 7		
4	08.07.1941	Trichterschaden	Heinrich Osten	Osteel	13.10.1941	149 RM
5	20.07.1941	Tierschaden	Harm Kleen	Osteel, Str. 9	13.08.1941	363,85 RM
6	20.01.1942	Trichterschaden	Andreas Ippen	Osteel, Carolinenhof, Rott 3, Nr. 16	14.05.1942	245 RM
7	15.06.1942	Trichterschaden	Ubbo Itzen	Klein-Schulenburger-Polder, NeuW	29.08.1942	122,50 RM
8			Hauke Klaaßen	Osteel, Rott 8	03.07.1944	7,50 RM
					26.04.1945	4500 RM
9	11.12.1943	Trichterschaden	Okke Okkenga	Osteel	26.04.1945	500 RM
10	21.01.1944	Gebäudeschaden	Gerd Mennen	Osteeler-Neuland	07.02.1944	65,38 RM
11	01.02.1944	Trichterschaden	Jann Barkhoff	Osteel	06.04.1944	157 RM
12	22.01.1944	Trichterschaden	K. Seeba	Osteel, Rott 8	06.04.1944	375 RM
13	15.12.1943	Trichterschaden	Garrelt Weets	Osteel, Rott 8 / Kirchweg	06.04.1944	325 RM
14		Trichterschaden	Greta Murra	Osteel	06.05.1944	22,26 RM
15	20.12.1943	Trichterschaden	Harm Beewen	Osteel	06.04.1944	157 RM
16			Gerd Lüpkes	Osteel, Adeweg	06.04.1944	68,37 RM
17			R. Schwitters	Osteel	06.05.1944	24,35 RM
18			Tamme Tamminga	Osteel	06.05.1944	65,99 RM
19			Cornelius Tjaden	Osteel	06.05.1944	64,69 RM
20			Seeberg Wwe.	Osteel (Ehemann: Wübbo Murra)	06.05.1944	154,15 RM
21			Trientje Murra	Osteel, Smal Pad		
22			Jakob Brauer	Osteel		
23			Reemt Lüpkes Wwe.	Osteel, Rott 4, Nr. 5		
24			Albert Stür	Osteel		
25			Jakob Kruse	Osteel		
26			Dirk Müller	Osteel-Acker		
27			Klaas Giesenberg	Osteel		
28			Frerich de Buhr	Osteel		
29	13.06.1944	bewilligter Schaden	Hermann Dirks, Frau	Emden, Graf-Enno-Str. 98		
30	20.04.1945	Transportschaden	Jannette Ewen	Osteel		
31	25.04.1945	Transportschaden	Theodor Bents	Osteel	30.04.1945	35,35 RM
32	27.05.1945	Plünderungsschaden	Johann Bruns	Osteel		
33	26.05.1945	Plünderungsschaden	Annette Voss	Reitham		
34	26.05.1945	Plünderungsschaden	Wilhelm Thiedke	Reitham		
35	06.07.1945	Plünderungsschaden	Remmerdine Grensemann	Osteel		

4.2 Tieffliegerangriffe

Im den letzen Kriegsjahren kam es vermehrt zu sog. „Tieffliegerangriffen" auf verschiedenste Ziele am Boden. Diese Angriffe wurden hauptsächlich durch alliierte Jagdflugzeuge durchgeführt, die durch sturzflugartige Verringerung der Höhe auf „Baumwipfelhöhe" sanken und dann anvisierte Ziele unter Bordwaffenbeschuss, in der Regel Maschinengewehrfeuer, nahmen. Primärziele dieser Angriffe waren Bahnhöfe, Züge, Konvois, militärische Anlagen und Einrichtungen, in der Endphase des Krieges 1945 teilweise auch die Zivilbevölkerung, um eine generelle Demoralisierung zu erreichen.

Am Sonntag den 11. Juni 1944 kam es in Osteel am Vormittag um 9:20 Uhr zu einem Angriff durch Tiefflieger auf einen, sich im Bahnhof befindlichen, Personenzug. Der Personenzug mit der Nummer 627, der auf der Strecke zwischen Emden und Norden eingesetzt war, wurde durch ein im Tiefflug angreifendes Jagdflugzeug unter Bordwaffenbeschuss genommen. Durch den Angriff wurden die Lokomotive und der Schutzwagen[195] beschädigt, außerdem erlitt der in der Lokomotive befindliche Heizer Verletzungen.[196]

Der heute nicht mehr vorhandene Osteeler Bahnhof befand sich früher am Bahnübergang des „Osteeler Altendeich" am „Altendeichsweg" im nördlichen Teil des Ortes. Auf dem Kartenausschnitt rechts ist die „Haltestelle Osteel" durch einen schwarzen Kreis gekennzeichnet.

Nach Vorfall des Tieffliegerangriffes in Osteel am 11. Juni 1944 wurde am 24. Juni der Regierungspräsident von Aurich durch ein Fernschreiben von höherer Stelle über die korrekte Berichterstattung von Tieffliegerangriffen benachrichtigt. Das Fernschreiben erhielt folgenden Wortlaut:[197]

„An den Regierungspräsidenten von Aurich

Betrifft: Berichterstattung nach Tieffliegerangriffen

1. *Es ist mir nach Auftreten von Tieffliegern über den Einsatz der Polizei-MGs stets sofort telefonisch oder fernschriftlich Kampfbericht zu erstatten, insbesondere über Ort, Zeit und Umfang der Kampftätigkeit, Abschüsse oder Gründe, warum Beschuss vielleicht nicht möglich war.*

2. Bei Tieffliegerangriffen auf Bahnhöfe oder Eisenbahnzüge ist bei der Schadensmeldung mit anzugeben, ob und durch wen der Bahnhof bzw. Eisenbahnzug flakgeschützt war und ob bzw. warum nicht die Besatzung zum Schuss gekommen ist. "

Zu einem weiteren verheerenden Tieffliegerangriff kam es in der Nacht des 16. September 1944. Zwischen 01:40 und 2:16 Uhr wurde mit Unterbrechung Flakalarm ausgelöst. Es wurden die im Marsch auf Norden befindlichen Teile des Marine-Schützen-Ersatz-Bataillon II und Kraftwagen der 8. Marine-Ersatz-Abteilung bei Tidofeld und Marienhafe mit Bordwaffenbeschuss belegt. Im Verlauf des Angriffes wurden fünf Soldaten getötet, vier Soldaten verletzt, vier LKW zerstört und drei LKW, ein PKW sowie ein Krad beschädigt.[198] Die Einheiten befanden sich auf dem Marschweg zur ehemaligen Kaserne in Tidofeld, wo sich das Marine-Ausbildungslager Tidofeld mit der 5. und 8. Marine-Ersatz-Abteilung befand.[199]

Die Einheiten bewegten sich auf der „Brookmerlander Straße" und wurden unter Anderem zwischen Nadörst und Osteel, in der Kurve auf Höhe des „Schwarzen Weg" von schwerem Bordwaffenbeschuss erfasst.[200] In der Endphase des Krieges fand der Bordwaffenbeschuss nicht mehr auf rein militärische Ziele statt, sondern auch die Zivilbevölkerung geriet zunehmend in den Fokus. Zeitzeugen beschreiben, dass ein Fortbewegen am Tage auf der „Brookmerlander Straße" oder der Aufenthalt auf freiem Feld kaum noch möglich war, da immer die Gefahr eines plötzlichen Tieffliegerangriffes bestand.

Auf der folgenden Seite befinden sich zwei seltene Fotoaufnahmen, die ein Jagdflugzeug während eines Tieffliegerangriffes zeigen. Auf den Aufnahmen nimmt das Flugzeug in sehr geringer Höhe das Ziel eine Flugabwehrstellung in Rieste (LK Osnabrück) unter Bordwaffenbeschuss. Nur für einen sehr kurzen Moment befindet sich das Flugzeug in der Lage zu Feuern, bevor der Pilot eine leichte Linkskurve einleitet und wieder Höhe gewinnt.

---

[195] *Schutzwagen:* Schutzwagen befanden sich zwischen der Lokomotive bzw. dem Tender, in dem sich Brennstoff und Wasser für die Dampferzeugung befand, und den Personenwagen. Der Wagen sollte die Passagieren vor den brennbaren Stoffen innerhalb des Tenders schützen. Der Schutzwagen war entweder leer oder wurde für Gepäck genutzt.

[196] Vgl.: KTB des Kdt. 6. MarFlaRgt., FlaGruKdo „Emden", S.97

[197] Vgl.: NLA AU, Rep. 20, Nr. 729, Fernschrift N5 833

[198] Vgl.: KTB des Kdt. 6. MarFlaRgt., FlaGruKdo „Emden", S.171

[199] Qu.: Ebert, Wolfgang: Zeitzeugen-Erinnerungen AusbLag „Tidofeld", Interview 03/2016

[200] Qu.: Gerdsen, Hans: Zeitzeugen-Erinnerungen Osteel, Interview 11/2015

*Abb.53 **Tiefflieger im Angriff***

*Abb.54 **Tiefflieger beim Ausflug nach dem durchgeführten Angriff***

In Osteel wurden verschiedene Maßnahmen zum Schutz vor Tiefflieger-angriffen durchgeführt. Menschen, die sich auf freiem Feld oder ungeschützten Straßen aufhielten, liefen leicht Gefahr, in das Visier der Tiefflieger zu geraten, da die Angreifer im Frühjahr 1945 Jagd auf alles machten, was sich am Boden bewegte. Als eine der Maßnahmen wurden zum Beispiel entlang der „Brookmerlander Straße" in Marienhafe und Osteel Deckungslöcher ausgehoben. Die Deckungslöcher wurden in einem Abstand von ca. 50m durch das „Panzerjagdkommando"[201] angelegt.[202] Die o.g. Deckungslöcher wurden auch in einem Artikel des Ostfriesischen Kuriers vom 1. Mai 1945 als Information für die Bevölkerung erwähnt. Dort heißt es in der Rubrik „*Aus Stadt und Land*":

*„**Bei Tieffliegerangriffen** bieten die Einmannlöcher an den Landstraßen einen guten Schutz. Deshalb ist es wichtig, daß die vorhandenen Einmannlöcher in Ordnung gehalten und noch weitere angelegt werden, wo bisher noch keine sind. Ferner ist darauf hingewiesen, daß die Fußgänger sich für verpflichtet halten sollten, durchfahrende Wagen und Kraftfahrzeuge vor Tieffliegern, die sie oft nicht hören können, zu warnen."*

Ebenfalls wurde ein Splittergraben als Deckungsgraben an der Osteeler Schule ausgehoben, der auf dem Schulhof spielenden Kindern bei einem Angriff Schutz bieten sollte.[203] Der Graben verlief entlang des Schulhofes, die Kontur lässt sich grob auf der Fotoaufnahme erkennen.

*Abb.55 **Verlauf des Splittergrabens bei der Schule am Alten Postweg***

Als weitere Abwehrmaßnahme, wurde im März 1945 damit begonnen, Stellungen für 2cm-Flak-Vierlinge auszuheben (siehe S.42). Ebenfalls wurden die Personenzüge in der Regel mit einer leichten Flak auf einem flachen Güterwagen hinter dem Tender der Lokomotive ausgestattet, um den Angriffen nicht vollkommen schutzlos ausgeliefert zu sein.

Abb.56 leichte Vierlingsflak auf einem Eisenbahnwagon

Im Falle eines Angriffes waren bestimmte Verhaltensweisen einzuhalten. Bei einem Tieffliegerangriff war unverzüglich Schutz zu suchen in Gebäuden, Unterständen, Gräben usw. Befand man sich auf freiem Feld ohne Schutzeinrichtungen in der Nähe, sollte man sich flach auf den Boden legen. Bei dem Angriff auf eine Gruppe sollte diese schnellstmöglich auseinander laufen und nicht einer Stelle verharren. Bei Schulklassen oder HJ-Veranstaltungen wurde durch den Lehrer, oder den allgemeinen Führer vor Ort, der Befehl „volle Deckung!" ausgerufen.[204]

---

[201] *Panzerjagdkommando:* Aufgestellt im März 1945 als „Freikorps Adolf Hitler" u.a. aus Volkssturm und HJ, anschließend dem Heer unterstellt und von der Wehrmacht als „Panzerjagdkommando" bezeichnet.

[202, 203] Qu.: Bogena, Heyo; Jannßen, Enno: ZZ-Er. Osteel, Interview 01/2016

[204] Vgl.: NLA AU, Rep. 20, Nr. 729

5. Osteeler Bevölkerung

Durch die Einwirkungen des Krieges wurde auch die Osteeler Bevölkerung nicht unerheblich beeinträchtigt. Zusätzlich zu dem Einzug der wehrfähigen männlichen Bevölkerung zum Kriegs- oder Arbeitsdienst, den Notdienstverpflichtungen auch von weiblichen Einwohnern bei der Feuerwehr oder Flugabwehreinheiten, dem unausweichlichen Dienst bei HJ oder Volkssturm, der Beschlagnahmung von Land oder Eigentum für die Verwendung im Kriegseinsatz, kam die Gefahr durch Bombeneinschläge von Not- oder Fehlabwürfen der alliierten Bomberverbände und nicht zuletzt durch die in der Endphase des Krieges ständig stattfinden Tieffliegerangriffe der alliierten Jagdflugzeuge. Ebenfalls wurden Ausbildungen mit verschiedenen Bomben- und Munitionstypen abgehalten, um die Bevölkerung für diese gefährlichen Waffen und Stoffen zu sensibilisieren und z.B. korrekte Lösch-, Melde- oder Verhaltensmaßnahmen einzuleiten. Das zuständige Luftgaukommando XI in Hamburg verteilte entsprechende Belehrungsunterlagen oder Weisungen an die zuständigen Landräte im Luftgau und ordnete ggf. entsprechende Maßnahmen an. Nicht zuletzt wurde auch die strenge Einhaltung der Luftschutzmaßnahmen durch z.B. Luftschutzwart, Landwacht oder Gendarmerie sichergestellt und kontrolliert. Die zeitgenössische Fotoaufnahme zeigt einen „friedlichen" Blick auf den Osteeler Ortskern mit der Kirche.

*Abb.57 **Blick auf die Osteeler Kirche in den 1940er Jahren***

5.1 Notdienstverpflichtungen

Primär kam es in Osteel zu Notdienstverpflichtungen von Einwohnern bei der Freiwilligen Feuerwehr Osteel-Leezdorf oder bei der Heranziehung von Schülern und Lehrlingen zum Kriegshilfeeinsatz der deutschen Jugend bei Kriegsmarine (Flugabwehreinheiten) und Luftwaffe.[205] Durch den Kriegseinsatz der wehrfähigen männlichen Bevölkerung fehlte das benötigte Personal für den Lösch- und Hilfspolizeieinsatz. Am 15. Dezember 1933 erschien, wie auch einige weitere Gesetze von kommunalpolitischer Bedeutung, das *„Gesetz über das Feuerlöschwesen".* Die Feuerwehren wurden jetzt den Polizei- und Kommunalbehörden unterstellt und hatten somit als Hilfspolizisten auch die Befugnis hoheitliche Aufgaben der Polizei wahrzunehmen. Zudem wurden die freiwilligen Feuerwehren zu Vereinen erklärt, die neu gegründeten Vereine mussten jetzt eine „Mustersatzung" annehmen um anerkannt zu werden. Durch dieses Verfahren wollten man u.a. die zahlreichen „Löschvereine" ablösen, die zuvor komplett uneinheitlich agierten, und somit einen strukturierten Rahmen für die freiwilligen Feuerwehren schaffen. Jedoch stand diese neue Strukturierung im Zuge der Gesetzesänderung prinzipiell nicht im Einklang mit dem im NS-Staat geforderten „nationalsozialistischen Führerprinzip". Durch die Rolle als „Hilfspolizei" wurde der Feuerwehrführer durch den Ortspolizeiverwalter (z.B. Bürgermeister) ernannt und nicht auf einer Mitgliederversammlung des Vereines bestimmt, wie es sonst im Vereins-recht verankert war.[206] Dieses weite Aufgabenspektrum und der erhöhte Einsatzbedarf durch die Kriegseinwirkungen, forderte auch eine ständige angemessene Personal-stärke der freiwilligen Feuerwehr in Osteel-Leezdorf. Aufgrund der starken Bombardierung Emdens durch die RAF rückte die Osteeler Feuerwehr bereits 1941 zu Löscheinsätzen nach Emden aus, den letzten Einsatz in Emden leistete die Wehr am 6. September 1944. Vergütet wurden die Löscheinsätze in Emden jeweils mit einer Reichsmark pro Mann und Stunde nach Rechnungsstellung der Osteeler Wehr durch die Stadt Emden.[207]

---

[205] Vgl.: NLA AU, Rep. 36, acc.2004/058 Nr. 1851 u. 1853

[206] Vgl.: Linhardt, Andreas: Feuerwehren im Luftschutz 1926-1945, Books on Demand, 2002, S.85 u. 86

[207] Vgl.: Müller, Norbert: Chronik der „Freiw.-Feuerwehr Osteel", Osteel 2010, S.30, 31, 33

In einem Schreiben vom 25. Juni 1942 an den Norder Landrat bittet der damalige Osteeler Bürgermeister Itzenga um die Notdienstverpflichtung von insgesamt 47 Bürgern in den Dienst der Freiwilligen Feuerwehr Osteel-Leezdorf um die Einsatzfähigkeit der Wehr sicherzustellen. Teilweise befanden sich die unten aufgeführten Personen auch schon aktiv im Dienst der Freiwilligen Feuerwehr.[208]

	Name		Geb,	Ort	Beruf.
1	Okkinga	Okko,	9, 7 , 82,	Osteel.	Bauer,
2	Müller	Dirk,	16,2 , 95,	"	Landwirt,
3	Mescher	Tjark,	11,1, 94,	Uphusen,	Bauer,
4	Ewen	Karl	13,8, 9o,	Osteel	Landgebräucher ,
5	Ewen	Karl	2o,9, o8,	"	Landwirt.
6	Lübbers	Hilko	1 ,4, 87,	Rechtsupweg,	Bauer,
7	Kruse	Hermann	31,5, oo,	Osteel,	Arbeiter,
8	Anjes	Gerd	24,9, 91	"	Bauer,
9	Arends	Harm	31,1, oo,	"	Bauer,
10	Arends	Edo	5 ,1, 91,	"	Bauer,
11	Tamminga	Tamme,	1 ,3, 95,	"	Bauer,
12	...llms	Menko,	26,1o, 9o,	"	Arbeiter,
13	Wunder	Jürgen,	29,1o, 93,	Leezdorf,	Landwirt,
14	Gerdsen	Gerhard,	18,8, o6,	Osteel	Bauer,
15	de Groot	Ludwig,	7 ,7, 91,	"	Bauer,
16	Brauer	Lüdjen	1o,12, o2,	"	Arbeiter,
17	Barkhoff	Jann	6 ,7, 88,	Leezdorf,	Landwirt,
18	Bruns	Lambertus.	5 ,4, o6,	Osteel	Zimmerer,
19	Beewen	Johann	16,1, o1	" "	Bauer,
20	Steen	Harro	6 , 1, oo	"	Bauer,
21	Schönbusch	Folkert,	11,5, o9,	"	Arbeiter,
22	Schüller	Ulfert,	23,9, 99	" "	"
23	Schmidt	Jann	12,11, 99	Halbemond	Landwirt,
24	"	Jakob,	24,4, 96,	" "	,
25	Abegg	Friedrich	13,4, 27	Süderpolder	Schmiedemeister
26	Frerichs	Gerd,	2 ,9, 95	Moorhusen	Arbeiter,
27	Jakobs	Dirk,	3o,7, o1	Leezdorf,	Arbeiter,
28	Mennen	Gerd	31,3, 95	Süderneuland,	Landwirt,
29	Eden	Hinrich	23,8, 99	Leezdorf	Arbeiter,
30	Betten	Reint	11,4, 9o	Osteel	" " ,
31	...iermann	Arend	13,1o, 85	" "	" " ,
32	Grensemann	Jann	14,6 , o7	" "	" " ,
33	Tjaden	Heiko	7 ,3, o1	" "	Arbeiter,
34	Major	Gerhard	18,2, 88	Osteel	" " ,
35	Hudemacher	Gerhard	27,3, 98	"	" " ,
36	Siebels	Dirk	26,1, o3	"	" " ,
37	Brokschmidt	Hermann	31,8, o9	Westermarsch.	Landw-Verwalter,
38	Schoolmann	Casjen	3o,4, o6	Osteel	Arbeiter,
39	Siebels	Hinrich	15,2, 21	Osteel	Milchkontrolleor
40	Müller	Jürgen	4 ,2, 11	Osteel	Arbeiter,
41	Lüken	Peter	2o,4, 89	Osteel	Arbeiter,
42	Arenholz	Hinrich	24,1, 93,	" "	" " ,
43	Mentjes	Jann	8 ,5, oo	Jennelt	Bauer,
44	Dirks	Johann	27,11, o4	Osteel	Arbeiter,
45	Schoolmann	Albert	28,8, 99	Osteel	Gastwirt,
46	Arends	Edo	5 ,1, 91	Osteel	Bauer,
47	Drees	Heinrich	29,8, 87		Lehrer,

Abb. 58 Die Notdienstverpflichteten für die Freiw.-Feuerwehr im Juni 1942

---

[208] Vgl.: NLA AU, Rep. 36, acc.2004/058 Nr. 1851

Aufgrund des, im Kriegsverlauf weiter ausgebreiteten Bombenkrieges wurden zunehmend auch Frauen für den Dienst in der Freiwilligen Feuerwehr hinzugezogen. Vor Kriegsbeginn eine undenkbare Maßnahme, die Mitarbeit der Frau war zu der Zeit zwar gefragt, allerdings beschränkte sich diese primär auf Tätigkeiten im Haushalt und der Kindererziehung. Der Reichspropagandaminister Joseph Goebbels formulierte in seiner Rede „Totaler Krieg" im Berliner Sportpalast am 18. März 1943 die Wichtigkeit der deutschen Frau in der Kriegsführung und appellierte an die Frauen:[209]

„Ich frage euch achtens: Wollt ihr, insbesondere ihr Frauen selbst, daß die Regierung dafür sorgt, daß auch die deutsche Frau ihre ganze Kraft der Kriegsführung zur Verfügung stellt, und überall da, wo es nur möglich ist, einspringt, um Männer für die Front frei zu machen und damit ihren Männern an der Front zu helfen?"

Auf diesen Appell folgte am 21. April 1943 ein Reichserlass zum Aufbau weiblicher Ergänzungskräfte, in dessen Form um die Mitwirkung der Frauen im Dienste der Freiwilligen Feuerwehr geworben wurde. Der Einsatz von weiblichen Feuerwehrleuten beschränkte sich nicht nur auf den Einsatz im Nachrichtenwesen oder in wirtschaftlichen Bereichen, sondern führte teilweise auch zur Bildung von ausschließlich weiblichen Löschgruppen.[210] In Osteel wurde bereits am 22. April 1943 an den, für die Rekrutierung zuständigen Ortspolizeiverwalter und Bürgermeister Itzenga eine Heranziehungsverfügung über insgesamt 18 Frauen für den Dienst als „Ergänzungskräfte" in der Freiwilligen Feuerwehr Osteel-Leezdorf durch den Landrat Norden versendet. Der Landrat berief sich bei dieser Forderung zur kurzfristigen Verfügbarstellung der 18 Frauen für die Notdienstverpflichtung auf den §1 der Notdienstverordnung vom 15. Oktober 1938. Das Schreiben an den Osteeler Bürgermeister enthielt außerdem 18 Heranziehungsverfügungen, die durch die Osteeler Frauen gegen Unterschrift empfangen werden mussten.[211]

---

[209] Vgl.: Heiber, Helmut: Goebbels Reden 1932-1945, Gondrom Verlag, 1991, S.203-205

[210] Vgl.: Linhardt, Andreas: Feuerwehren im Luftschutz 1926-1945, Books on Demand, 2002, S.181

[211] Vgl.: NLA AU, Rep. 36, acc.2004/058 Nr. 1851

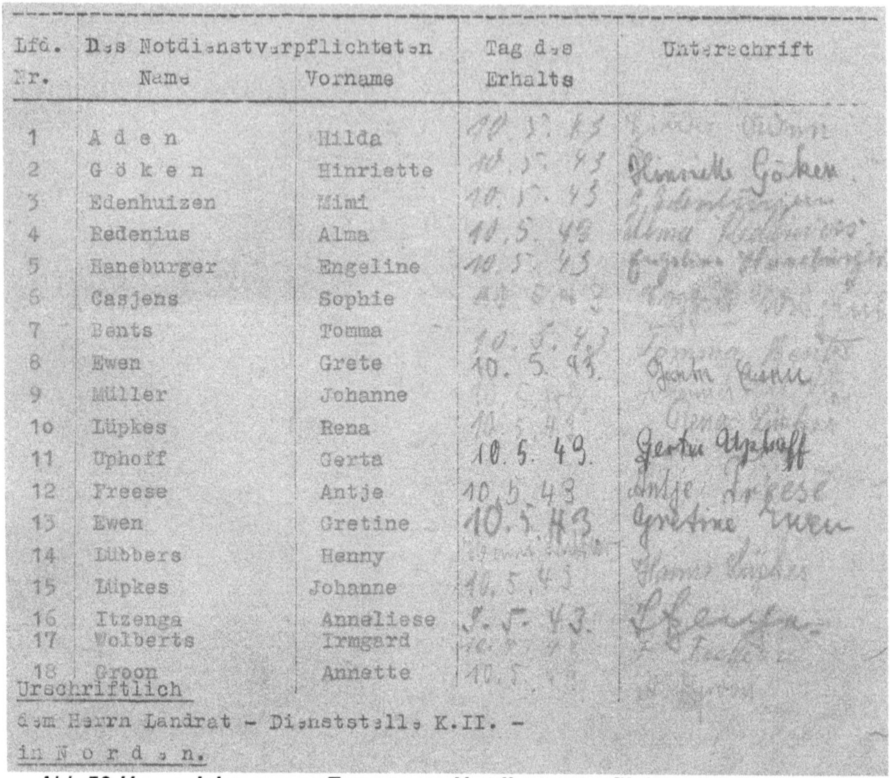

Lfd. Nr.	Des Notdienstverpflichteten Name	Vorname	Tag des Erhalts	Unterschrift
1	A d e n	Hilda		
2	G ö k e n	Hinriette		
3	Edenhuizen	Mimi		
4	Bedenius	Alma		
5	Haneburger	Engeline		
6	Casjens	Sophie		
7	Bents	Tomma		
8	Ewen	Grete		
9	Müller	Johanne		
10	Lüpkes	Rena		
11	Uphoff	Gerta		
12	Freese	Antje		
13	Ewen	Gretine		
14	Lübbers	Henny		
15	Lüpkes	Johanne		
16	Itzenga	Anneliese		
17	Volberts	Irmgard		
18	Groon	Annette		

Urschriftlich

dem Herrn Landrat - Dienststelle K.II. -

in N o r d e n.

Abb.59 **Heranziehung von Frauen zur Notdienstverpflichtung im April 1943**

Zusätzlich wurde am 22. Oktober 1943 in einem Runderlass zur „Erhaltung der Schlagkraft der Feuerwehren" durch den Reichsführer SS und den Chef der Deutschen Polizei folgendes festgelegt:[212]

„Soweit die noch in der Heimat vorhandenen bzw. verfügbaren männlichen Kräfte zur Bildung dieser Reserven (Für die Freiwilligen und Pflichtfeuerwehren) nicht ausreichen, sind ohne Rücksicht auf die Größe der Gemeinden zusätzlich geeignete weibliche Ergänzungskräfte ebenfalls im Rahmen des Notdienstes heranzuziehen"

Schätzungsweise standen Ende 1944 insgesamt 275.000 Frauen im Alter von 18 bis 40 Jahren als „ausgebildete, vollwertige Helferinnen in den Reihen des amtlichen Feuerlöschdienstes des SHD (Sicherheits- und Hilfsdienst) und insbesondere der freiwilligen Feuerwehren im Kriegseinsatz."[213]

108

Abb.60 Die Osteeler „Ergänzungskräfte" v.l.n.r.: Antje Freese, Henni Göken, Gretje Ewen, Sophie Casjens, Anneliese Itzenga, Grete Ewen, Gerta Uphoff, Hanna Müller

Die Ausbildung für den Dienst der Frauen und Mädchen in der Freiwilligen Feuerwehr Osteel-Leezdorf wurde durch den damaligen Ortsbrandmeister Gerd Edenhuizen durchgeführt. Edenhuizen beschrieb die notdienstverpflichteten Mädchen und Frauen als sehr lernfähig, allerdings mit dem Kommentar „es wäre einfacher einen Sack voller Flöhe zu hüten" versehen.[214] Obwohl die weiblichen Ergänzungskräfte nach Erscheinen des o.g. Erlasses vom 22. Oktober 1943 noch nicht der SS- und Polizeigerichtsbarkeit unterstanden, hatten sie trotzdem empfindliche Strafen bei Vergehen oder Fernbleiben des Dienstes zu erwarten. Die Frauen folgten ihren männlichen Vorgesetzten längst nicht immer so widerspruchslos, wie sie es sonst von Untergebenen gewohnt waren.[215] Die Alarmierung der Freiwilligen Feuerwehr in Osteel erfolgte mittels dem Brandhorn oder der Handluftschutzsirene, mit der aus einem Kraftfahrzeug oder vom Fahrrad bei der Fahrt durch den Ort getönt wurde. Alarmierungen auf diese Weise fanden auch zu Übungszwecken statt, wenn z.B. Löschübungen für die allgemeine Bevölkerung bei der Osteeler Schule durchgeführt wurden.[216]

[212, 213, 215] Vgl.: Linhardt, Andreas: Feuerwehren im Luftschutz 1926-1945, Books on Demand, 2002, S.181 u. 182

[214, 216] Vgl.: Müller, Norbert: Chronik der „Freiw.-Feuerwehr Osteel", Osteel 2010, S.29

[216] Vgl: Bogena, Heyo: Zeitzeugen-Erinnerungen Osteel, Interview 12/2015

Nicht alle Osteeler konnten der Notdienstverpflichtungen zum Feuer-wehrdienst nachkommen. Edo Arends verfasste nach Erhalt des Heran-ziehungsbescheides zum Notdienst ein Schreiben, in dem er näher erläuterte, warum er der Verpflichtung nicht nachkommen könne. Edo Arends wohnte ca. 6km vom Versammlungsort der Freiwilligen Feuerwehr entfernt und sein Erscheinen würde daher einen großen Zeitaufwand nach sich ziehen. Dieser Zeitverlust würde sich negativ auf die Bewirtschaftung seines Hofes auswirken.

Sein Antrag auf Freistellung wurde abgelehnt, mit der Begründung dass es auch anderen Bürgern, die ebenfalls eine entsprechende Entfernung zurücklegen mussten, möglich war den Versammlungsort zu erreichen. Wortwörtlich hieß es außerdem:

„Zur Einhaltung der Schlagkraft der Feuerwehr ist es in der heutigen Zeit erforderlich, dass ein jeder Volksgenosse seine Kräfte zur Verfügung stellt"[217]

Neben den Notdienstverpflichtungen mussten die Bürger nach dem Reichsleistungsgesetz auch materielle oder tierische Objekte entbehren. Der Osteeler Cornelius Becker erhielt im Februar 1943 ein Schreiben, in dem die Beanspruchung seines privaten Kraftfahrzeuges für Zwecke der Wehrmacht oder des Katastrophenschutzes erläutert wird. Becker stellte sein Fahrzeug „Opel Olympia" daraufhin der Freiwilligen Feuerwehr Osteel-Leezdorf zur Verfügung und konnte somit einer Konfiszierung durch die Wehrmacht entgehen.[218] Claus Seeba sollte zwar nicht der Wehrmacht, aber dafür der Feuerwehr Osteel-Leezdorf ein Arbeitspferd zur Verfügung stellen. Diesem Aufruf kam Seeba nicht nach und begründete dies mit der Tatsache, dass er alle Tiere für die Feldarbeit benötige und auch nur eine trächtige Stute habe, die nicht als Arbeitspferd anzusehen sei. Seinem Antrag wurde nicht stattgegeben, die Stute wurde trotzdem als Arbeitspferd anerkannt, außerdem wurde sein landwirtschaftlicher Betrieb als zu klein erachtet, als dass das Pferd dafür unbedingt von Nöten wäre.[219]

[217, 219] Vgl.: NLA AU, Rep. 36, acc.2004/058 Nr. 1851
[218] Vgl.: Müller, Norbert: Chronik der „Freiw.-Feuerwehr Osteel", Osteel 2010, S.24

Nicht nur für den Dienst in der Freiwilligen Feuerwehr wurden Notdienstverpflichtungen angeordnet, sondern auch für den Kriegshilfseinsatz bei Luftwaffe oder Kriegsmarine. Eingezogen wurden ab 1943 Jugendliche des Jahrganges 1926 und 1927, die zwischen 15 und 17 Jahre alt waren. Der Einsatz endete für die Jugendlichen spätestens mit der Einberufung zum Wehrertüchtigungslager, Arbeitsdienst oder Wehrdienst. Insgesamt sollte der Einsatz möglichst nah am Wohnort oder der direkten Umgebung erfolgen, allerdings konnte dieser auch außerhalb des Wohnortes, hier aber nur innerhalb des Reichsgebietes, im Elsaß, in Lothringen und Luxemburg liegen. Der Einsatz erfolgte bei Einheiten der Marineflak oder der Luftwaffen-Flak in der näheren Umgebung, wo die Jugendlichen z.B. als „Flakhelfer" oder „Marinehelfer" ihren Dienst versahen. Der 15. Februar 1943 wurde als erster Einzugstermin für Schüler der Jahrgänge 1926 und 1927 vorgesehen. Ab dem Januar 1944 wurden auch Schüler des Jahrganges 1928 und ab August auch Lehrlinge desselben Jahrganges herangezogen. Da teilweise ganze Schulklassen dienstverpflichtet wurden, fand der tägliche Schulunterricht auch in den Flugabwehrstellungen statt. So unterrichteten beruflich tätige Lehrer der Ulrichsschule Norden die Schüler der Jahrgänge 1927 und 1928 direkt in den Batteriestellungen der leichten Flak-Abteilung 988 am Deich, die dort 1944 in Norddeich in Stellungen standen.[219]

Aufgrund einer Führerentscheidung vom 2. Mai 1944 teilte der Leiter des Arbeitsamtes in Emden in einem Schreiben vom 11. Juli 1944 u.a. dem Norder Landrat mit, sämtliche Luftwaffen- und Marinehelfer des Jahrganges 1927 durch Lehrlinge, Anlernlinge, Berufsfachschüler, Fachschüler oder sonstige berufstätige Jugendliche des Jahrganges 1928 abzulösen. Diese Anordnung war Teil der für August 1944 geplanten Einzugswelle, die aus Lehrlingen und Berufstätigen des Jahrganges 1928 bestehen sollte.[220]

Im Bereich Norden sollten alle in Frage kommenden Jugendlichen als Marine- oder Luftwaffenhelfer eingeteilt werden. Die Flugabwehrbatterien 1, 2 und 3 des „Abschnittes Emden" sollten mit Marinehelfern und die „Flakuntergruppe Inseln" mit Luftwaffenhelfern besetzt werden.[221]

[219, 220, 221] Vgl.: NLA AU, Rep. 36, acc.2004/058 Nr. 1853

Die 1. Batterie des Abschnittes Emden sollte mit 39, die 2. Batterie mit 49 und die 3. Batterie mit 40 Jugendlichen besetzt werden. Die Jugendlichen hatten sich am 1. August 1944 um 10:00 Uhr an der Sammelstelle im Lloydhotel Emden, Hansastraße zu melden. Von dieser Sammelstelle aus sollten die dienstverpflichteten Jugendlichen dann geschlossen der Einsatzstelle zugeführt werden. Die „Flakuntergruppe Inseln" sollte mit insgesamt 48 Lehrlingen als Luftwaffenhelfer besetzt werden, diese hatten sich am 4. August 1944 auf dem Gefechtsstand „Untergruppe Inseln" in Norddeich einzufinden.[222]

Im Zuge dieser Heranziehungswelle von Lehrlingen wurden auch Osteeler Jugendliche einberufen. Die Einberufungsbescheide wurden jeweils an die Eltern des Jugendlichen adressiert. Der Osteeler Heinrich Reemts, geboren am 9.11.1928, der eine Tischlerlehre bei der Firma L. Coordes in Marienhafe machte, sollte als Luftwaffenhelfer für die „Flakuntergruppe Inseln" eingezogen werden. Adressiert wurde der Brief an seinen Vater Hinrich Reemts, bei dem Heinrich in Osteel Rott 7 Nr. 6 wohnte.
Auch Jann Dehne in Osteel Rott 3 Nr. 43 erhielt einen Einberufungsbescheid für seinen Sohn Ubbo Dehne, der am 26.3.1928 geboren wurde. Ubbo befand sich zu diesem Zeitpunkt in der Lehre zum Schmied bei Friedrich Abegg in Osteel und sollte der 1. Batterie des Abschnittes Emden als Marinehelfer zugeteilt werden.
Ebenfalls als Marinehelfer bei der 3. Batterie des Abschnittes Emden sollte Casjen Redenius herangezogen werden, der am 8.3.1928 geboren wurde. Casjen befand sich auch in einer Lehre, allerdings zum Maschinen-schlosser bei der Firma Schulte & Bruns in Emden. Den Ein-berufungsbescheid erhielt sein Vater Klaas Redenius in Osteel Rott 7 Nr. 6.[223]

Der damalige Schüler der Ulrichsschule Norden Erich Abegg, Jahrgang 1927, wurde bereits 1943 zum Kriegshilfsdienst als Luftwaffenhelfer herangezogen. Eingesetzt wurde er an einer leichten Flugabwehrkanone, die sich in einer Stellung nahe dem Fliegerhorst Jever befand. Als Richtschütze sollte er hier mit gleichaltrigen Kameraden und russischen Kriegsgefangenen, die als „Munitionsträger" schufteten, den Fliegerhorst gegen feindliche Angriffe und Überflüge schützen.[224]

[222, 223] Vgl.: NLA AU, Rep. 36, acc.2004/058 Nr. 1853
[224] Vgl.: Abegg, Erich: Zeitzeugen-Erinnerungen Osteel, Interview 11/2015 u. 03/2016

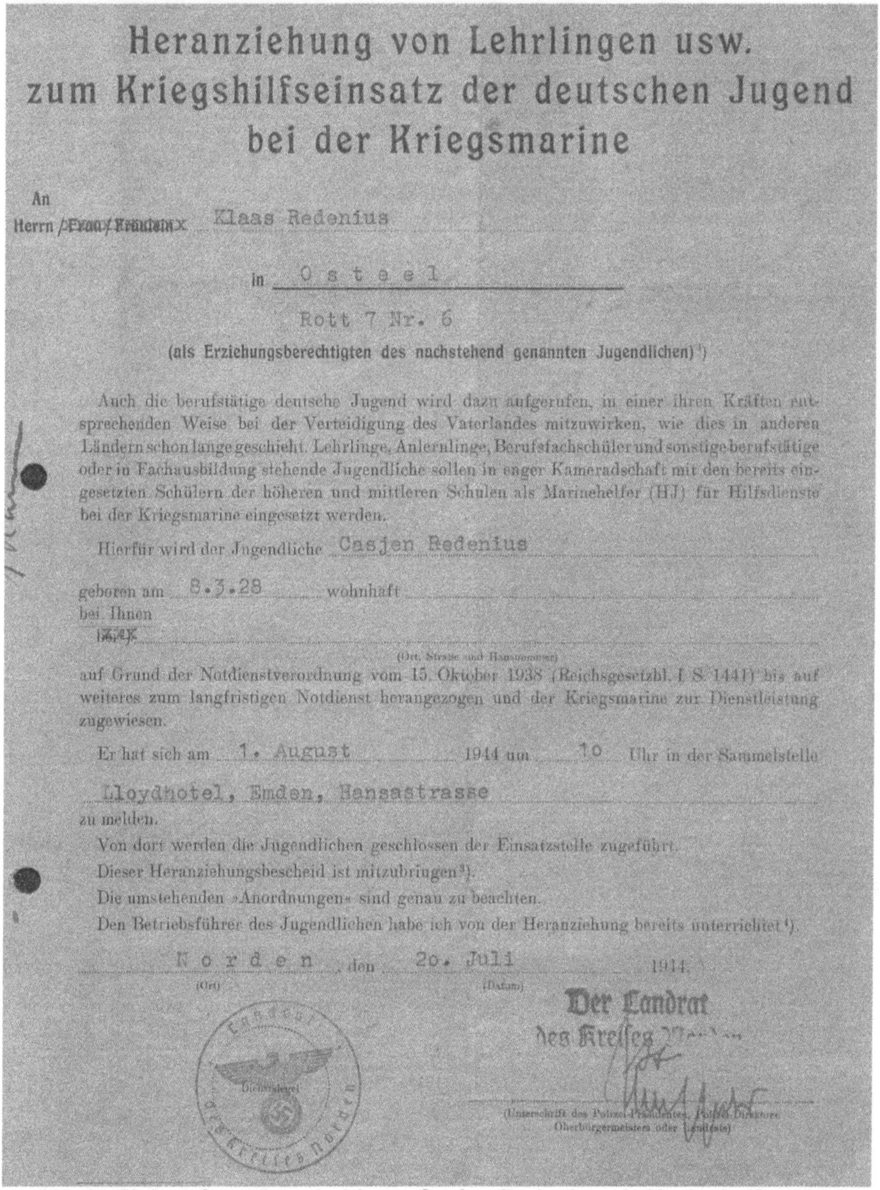

Heranziehung von Lehrlingen usw.
zum Kriegshilfseinsatz der deutschen Jugend bei der Kriegsmarine

An

Herrn /Frau/ Fräulein X   Klaas Redenius

in   O s t e e l

Rott 7 Nr. 6

(als Erziehungsberechtigten des nachstehend genannten Jugendlichen) [*]

Auch die berufstätige deutsche Jugend wird dazu aufgerufen, in einer ihren Kräften entsprechenden Weise bei der Verteidigung des Vaterlandes mitzuwirken, wie dies in anderen Ländern schon lange geschieht. Lehrlinge, Anlernlinge, Berufsfachschüler und sonstige berufstätige oder in Fachausbildung stehende Jugendliche sollen in enger Kameradschaft mit den bereits eingesetzten Schülern der höheren und mittleren Schulen als Marinehelfer (HJ) für Hilfsdienste bei der Kriegsmarine eingesetzt werden.

Hierfür wird der Jugendliche Casjen Redenius

geboren am 8.3.28   wohnhaft

bei Ihnen

(Ort, Straße und Hausnummer)

auf Grund der Notdienstverordnung vom 15. Oktober 1938 (Reichsgesetzbl. I S. 1441) bis auf weiteres zum langfristigen Notdienst herangezogen und der Kriegsmarine zur Dienstleistung zugewiesen.

Er hat sich am 1. August   1944 um   10   Uhr in der Sammelstelle

Lloydhotel, Emden, Hansastrasse

zu melden.

Von dort werden die Jugendlichen geschlossen der Einsatzstelle zugeführt.

Dieser Heranziehungsbescheid ist mitzubringen [*].

Die umstehenden »Anordnungen« sind genau zu beachten.

Den Betriebsführer des Jugendlichen habe ich von der Heranziehung bereits unterrichtet [*].

N o r d e n , den 2o. Juli   1944.

(Ort)   (Datum)

Der Landrat
des Kreises N

(Unterschrift des Polizei-Präsidenten, Polizei-Direktors,
Oberbürgermeisters oder Landrats)

Abb.61 **Einberufungsbescheid von Casjen Redenius als Marinehelfer 1944**

113

Im Folgenden die Abschrift der Anordnungen für den Kriegshilfseinsatz bei der Kriegsmarine von 1944, an die sich die herangezogenen Jugendlichen zu halten und orientieren hatten. Diese Anordnungen wurden direkt mit dem Einberufungsbescheid von den Erziehungsberechtigten empfangen.[225]

„Anordnungen

A. Allgemeine Anordnungen

1. *Der berufstätige Jugendliche hat den Heranziehungsbescheid binnen 24 Stunden nach Zustellung seinem Betriebsführer – der Fachschüler seinem Schulleiter – zur Kenntnisnahme vorzulegen.*

2. *Dem Heranziehungsbescheid ist unbedingt Folge zu leisten. Ist der Jugendliche in Folge einer ernsteren Erkrankung bettlägerig oder durch sonstige unabwendbare Gründe am persönlichen Erscheinen zu dem angeordneten Zeitpunkt verhindert, so hat der Erziehungsberechtigte (bei Jugendlichen die in Heimen wohnen, der Heimleiter, die Jugendlichen, die weder bei ihren Erziehungsberechtigten noch im Heim wohnen, der Jugendliche selbst) der Stelle, die den untenstehenden Heranziehungsbescheid ausgestellt hat, unter Angabe des Grundes und der voraussichtlichen Dauer der Verhinderung unverzüglich Anzeige zu erstatten. Zur Bestätigung ist bei Krankheit ein Zeugnis des Amtsarztes oder ein mit dem Sichtvermerk des Amtsarztes versehenes Zeugnis des behandelnden Arztes, in allen anderen Fällen eine ortspolizeiliche Bescheinigung beizufügen*

3. *Von der erfolgten Heranziehung ist die polizeiliche Meldebehörde in Kenntnis zu setzen. .*

4. *Mundvorrat ist vorsorglich für 2 Tage mitzubringen. Die Verpflegung durch die Kriegsmarine am Dienstort ist sichergestellt. Der Mundvorrat ist also eine zusätzliche Verpflegung für besondere Fälle. Die Marinehelfer (HJ) erhalten Truppenverpflegung. Sie sind deshalb aus der allgemeinen Lebensmittelversorgung bei der zuständigen Kartenstelle abzumelden. Die Lebensmittelkarten für die zur Zeit des Dienstantritts laufenden Zuteilungsperiode verbleiben dem Haushalt, zu dem der Jugendliche gehört, sofern es sich nicht um Jugendliche, die in Heimen wohnen, handelt. Für diese gilt die nachstehend unter B getroffene Regelung.*

5. *Die Reichskleiderkarte und Zusatzkleiderkarten, sowie die Seifenkarten sind bei der zuständigen Kartenstelle abzugeben. Für die Abgabe sind der Erziehungsberechtigte und der Jugendliche verantwortlich. Die Marinehelfer (HJ) erhalten die erforderliche Bekleidung einschl. Wäsche und Schuhwerk aus Beständen der Kriegsmarine. Eigene Stücke sind daher nicht mitzubringen, abgesehen von der Reisekleidung, die nach Einkleidung den Eltern (Erziehungsberechtigten) zurückgesandt wird.*

114

6. Für den Dienstantritt notwendige Fahrten (3. Klasse) mit Verkehrsmitteln des Fern-
, Orts- und Vorortsverkehrs sind von den Jugendlichen zu verauslagen. Die Kosten
werden auf Antrag durch den Truppenteil erstattet. Sind Fernzüge benutzt, so ist die
Fahrkarte an der Bahnhofssperre nicht abzugeben, sondern mit dem Antrag
vorzulegen.

7. Mitzubringen sind:
    a) Personal-Ausweis (HJ-Ausweis)
    b) Sonstiges: Essbesteck, Kamm, Zahnbürste, Rasierzeug (nach Bedarf),
        Brustbeutel, Vorhängeschloss (soweit vorhanden), Schreibzeug und
        Nähzeug.
    c) Ein Pappkarton oder Koffer zum Absenden der Reisekleidung.

8. Zur Benachrichtigung des Erziehungsberechtigten wird dem Marinehelfer (HJ)
sofort nach seinem Eintreffen an der Einsatzstelle eine Postkarte ausgehändigt.

B Besondere Anordnung für Jugendliche, die in Heimen wohnen

Der Heimleiter hat die Heranziehung eines Jugendlichen als Marinehelfer (HJ) der
zuständigen Kartenstelle durch Übersendung der Abmeldebescheinigung G anzuzeigen.
Die Verpflegung des Herangezogenen mit Mundvorrat für den Gestellungstag und den
folgenden Tag (s. vorstehend unter Ziff. 4) ist dadurch sicherzustellen, dass das
Ausscheiden aus der Verpflegung des Heimes erst mit dem Ablauf dieser beiden Tage
angesetzt wird.

Dienstverhältnisse der Marinehelfer (HJ)

1. Der Dienst als Marinehelfer (HJ) gilt als Erfüllung der Jugenddienstpflicht. Die
Betreuung der Marinehelfer (HJ) durch die HJ erfolgt nach besonderen, von der
Reichsjugendführung im Benehmen mit dem Oberkommando der Kriegsmarine
erlassenen Bestimmungen.

2. Einsatz: Die Marinehelfer (HJ) werden nur zu einer ihrer Entwicklungsstufe
entsprechenden Tätigkeit herangezogen. Der Einsatz erfolgt möglichst am
bisherigen Wohnort oder in dessen unmittelbarer Umgebung sowie auch außerhalb
des Wohnortes, jedoch nur innerhalb des Reichsgebietes und im Elsaß, in
Lothringen oder Luxemburg. Die am Wohnort eingesetzten Jugendlichen können
später auch für einen auswärtigen Einsatz in Frage kommen. Der Einsatz endet
spätestens mit der Einberufung zum Wehrertüchtigungslager, Arbeitsdienst oder
Wehrdienst.

3. Die ärztliche Betreuung der Marinehelfer (HJ) erfolgt durch Truppenärzte der
Kriegsmarine. Sie erhalten freie Heilfürsorge wie Soldaten.

115

4. *Krankenversicherung: Die Marinehelfer (HJ) sind während ihres Einsatzes krankenversichert.* Während dieser Zeit ruht eine schon bestehende *Krankenversicherung bei einer anderen Krankenkasse, bei privaten Krankenversicherungen jedoch nur auf Antrag.*

5. *Fürsorge und Versorgung: Erleidet ein Marinehelfer (HJ) infolge seines Einsatzes eine Dienstbeschädigung, wird Fürsorge und Versorgung auf Grund der Personenschädenverordnung vom 10. November 1940 und damit nach Maßgabe der Bestimmungen des Wehrmachtsfürsorge- und –versorgungsgesetzes und des Einsatz-Fürsorge- und –versorgungsgesetztes gewährt.*

6. *Urlaub: Die Marinehelfer (HJ) erhalten zweimal im Jahr einen 14-tägigen Erholungsurlaub zuzüglich Reisetag. Zur Aufrechterhaltung der Beziehung zum Elternhaus wird dem am Wohnort oder in dessen unmittelbarer Umgebung eingesetzten Marinehelfern (HJ) mindestens einmal im Monat Wochenendurlaub erteilt, darüber hinaus wird ihnen jede Woche einmal Gelegenheit zu mehrstündigem Besuch des Elternhauses, sofern es der Dienst zulässt, mit der Erlaubnis zum Übernachten gegeben.*

Die auswärts eingesetzten Marinehelfer (HJ) erhalten als Ausgleich für den wegfallenden Wochenendurlaub alle 5 Wochen einen 48stündigen Sonderurlaub zuzüglich Reisetage zum Besuch der Eltern.
Bei allen Beurlaubungen wird freie Fahrt auf Wehrmachtsfahrschein gewährt. Ein Anspruch auf Urlaub besteht nicht. Bei wichtigen dienstlichen Gründen muss eine Einschränkungen der vorgesehenen Urlaubsregelungen erfolgen.

7. *Die Marinehelfer (HJ) erhalten freie Verpflegung, Bekleidung und Unterkunft (in gesonderten Räumen) sowie eine tägliche Abfindung von 0,50 RM. Beim Ausscheiden erhält jeder Marinehelfer (HJ) für jeden angefangenen Monat der Dienstleistung nach Vollendung des 16. Lebensjahres 15,- RM. "*

---

[225] Vgl.: NLA AU, Rep. 36, acc.2004/058 Nr. 1853

Im Zuge der zahlreichen Notdienstverpflichtungen von Heranwachsenden als Marine- oder Luftwaffenhelfer blieb eine Teilstreitkraft der Wehrmacht in punkto Nachwuchsgewinnung gänzlich auf der Strecke. Das Deutsche Heer fürchtete einen Einbruch der Bewerberzahlen für die Offizierslaufbahn. Nach dem weiteren Bestreben des General-inspekteurs für den Führernachwuchs des Heeres im Juni 1944 sollten in Zukunft nach Möglichkeit nur noch die Jungen herangezogen werden, die sich bereits freiwillig für den Kriegseinsatz bei Kriegsmarine oder Luftwaffe gemeldet haben. Dem Heer könnten ansonsten auf dem Wege dieser reinen Notdienstverpflichtungen „wert-voller Führernachwuchs" verloren gehen. Ge-äußert wurden diese Bedenken in einem Schreiben von der Annahmestelle X für Offiziersbewerber des Heeres (Nachwuchsoffizier Oldenburg) am 12. Juni 1944 an den Landrat Norden. Der Brief enthielt folgenden Wortlaut:[226]

oben: Abb.62

„Sehr geehrter Herr Landrat!

Anlässlich einer Besprechung beim Generalinspekteur für den Führernachwuchs des Heeres wurde u.a. auch der Einsatz der höheren als Marine- oder Luftwaffenhelfer erörtert. Danach ist es angebracht und für die Belange des Heeres unerlässlich, dass für die Einberufung als Marine- oder Luftwaffenhelfer möglichst nur die Jungen in Frage kommen, die sich bereits für Marine- oder Luftwaffe kriegsfreiwillig gemeldet haben.
Die Erfahrungen haben gezeigt, dass dieser erste soldatische Einsatz nicht ohne Nachwirkung auf unsere Jungen bleibt und dass, wenn wie bisher verfahren wird, dem Heer wertvoller Führernachwuchs verloren geht.

Heil Hitler!

unleserlich
Oberleutnant u. Nachwuchsoffizier"

---

[226] Vgl.: NLA AU, Rep. 36, acc.2004/058 Nr. 1853

Es bestand in Ausnahmefällen auch die Möglichkeit von der Notdienstverpflichtung oder gar dem Wehrdienst befreit zu werden. Bei den Flakeinheiten des zuständigen Luftgaukommandos XI in Hamburg wurden in der Jahresmitte 1943 Umfragen durchgeführt, bei denen verschiedene Anhaltspunkte für eine mögliche Entlassung oder Freistellung aus dem Kriegshilfsdienst als Luftwaffenhelfer geprüft wurden. Es sollte grundsätzlich festgestellt und erfasst werden welche Schüler:[227]

„1.) eine höhere Schule weiterbesuchen wollen und zugelassen sind,

2.) Lehrverträge für die Rüstungsindustrie, Landwirtschaft, andere Unternehmungen und als Anwärter für die Behördenlaufbahn abgeschlossen haben,

3.) auf Lehrerbildungsanstalten übertreten und angenommen sind,

4.) besondere Laufbahnen wie Funkerschulen, Seemansschulen, technische Schulen, einschlagen wollen,

5.) Lehrverträge zwar noch nicht abgeschlossen haben, aber abzuschließen beabsichtigen,

6.) als HJ-Führer zu Dienstleistungen bei der HJ entlassen werden wollen – Erfassung durch die Bannführer der HJ-,

7.) als Luftwaffenhelfer eingesetzt bleiben wollen,

8.) sich als Kriegsfreiwillige, Längerdienende oder Offiziersaspiranten beworben haben"

Wie auf der Liste oben unter Ziffer 6 ersichtlich, bestand die Möglichkeit Hitlerjugendführer von der Notdienstverpflichtung und teilweise auch von Arbeits- oder Wehrdienst durch den zuständigen HJ-Bannführer freistellen zu lassen. Die HJ-Führer waren innerhalb der HJ für die militärische Vorausbildung der Hitlerjungen unverzichtbar.[228]

[227, 228] Vgl.: NLA AU, Rep. 36, acc.2004/058 Nr. 1853

Die Mitglieder der Hitlerjugend sollten durch ihren Dienst und die militärische Ausbildung bereits für Reichsarbeitsdienst oder Wehrmacht vorbereitet werden. Seit der „Jugenddienstverordnung", die am 25. März 1939 erschien, war die Mitgliedschaft für Jugendliche im Alter von 10 bis 18 Jahren Pflicht, in der HJ unterstanden sie einer „öffentlich-rechtlichen Erziehungsgewalt". Ausnahmen gab es nur bei z.b. körperlicher Untauglichkeit, wenn der HJ-Dienst die schulischen Leistungen negativ beeinflusste oder es erfolgte ein Ausschluss aufgrund von z.b. „unsittlichem Verhalten" oder jüdischer Herkunft.[229]

Als im Jahre 1943 der männliche Jahrgang 1925 zum Reichsarbeitsdienst (RAD) eingezogen wurde, sollten insgesamt 20.000 HJ-Führer von der Heranziehung zum RAD befreit werden, damit diese weiterhin der HJ als Ausgleich für den Führermangel zur Verfügung standen. Dieses Vorhaben wurde in einem Runderlass des Reichsministers des Inneren am 3. Februar 1943 verkündet (1 RA 6077/43 – 268 LS -). Auch ein Osteeler HJ-Führer war von diesem Vorhaben betroffen und sollte vom Arbeitsdienst befreit werden und weiterhin langfristigen „Notdienst" in der HJ leisten.
Es handelte sich um Edelhard Becker, der am 05.04.1925 geboren wurde und sich in der Hitlerjugend im Bann Norden-Krummhörn (Nr. 828) als HJ-Führer betätigte. Um diese Freistellung zu erwirken wurde am 04. März 1943 durch den Bannführer Hauptgefolgschaftsführer Padeken des Hitlerjugend Bannes Emden-Norden (Nr. 251), dem der Bann Norden-Krummhörn unterstand, ein Antrag an den Landrat der Kreispolizeibehörde Norden gesandt.[230]

Ob Edelhard Becker 1943 tatsächlich vom RAD und dem späteren Wehrdienst in der Wehrmacht befreit werden konnte, ist nicht überliefert. Spätestens 1944 wurde er allerdings in den Kriegsdienst berufen. Er fiel 1944 im Alter von nur 19 Jahren als Soldat der Wehrmacht, das genaue Todesdatum, der Todesort und die heutige Grablage sind nicht bekannt. [231]

---

[229] Vgl.: Buddrus, Michael: Totale Erziehung für den totalen Krieg, De Gruyter Saur, 2003, S.278

[230] Vgl.: NLA AU, Rep. 36, acc.2004/058 Nr. 1853

[231] Vgl.: Gefallenendenkmal Osteel, Osteel Kirche, Stand 05/2016

5.2 Unterstützung für Kriegswirtschaft und Front

Im weiteren Verlauf des Krieges nahm die ständige Rohstoff- und Lebensmittelknappheit im Heimatgebiet, der Rüstungsindustrie und in den kämpfenden Truppen der Wehrmacht stark zu.

Ab dem 27. März 1940, kurz vor dem Geburtstag Adolf Hitlers am 20. April, erschien durch den Generalfeldmarschall Hermann Göring ein Spendenaufruf an das deutsche Volk. „Zum Geburtstag des Führers" sollten die Bürger Metallspenden in entsprechenden Sammelstellen abgeben, als Belohnung wurde hierfür eine Urkunde Adolf Hitlers verliehen.[232] Auch in Osteel wurden, wie auch schon im ersten Weltkrieg, entsprechende Spendenaktionen durchgeführt. Die Schulkinder brachten sämtliches verwertbares Material wie z.b. diverse Metalle oder sogar Knochen mit in die Schule, wo diese gesammelt wurden.[233] Als die Wehrmacht u.a. wegen mangelnder Winterausrüstung im Dezember 1941 vor Moskau zum Stillstand kam, wurden überall im Reichsgebiet auch Spenden in Form von Kleidungsstücken, Lumpen oder Winterausrüstung für die Ostfront gesammelt. Diese „Kleiderspende" wurde ebenfalls wieder in der Osteeler Schule zusammengetragen und weitergeleitet.[234]

Die Schulkinder brachten nicht nur Rohstoffe von zuhause mit, sondern mussten auch eine kleine „Raupenzucht" innerhalb der Schule versorgen. Als Nahrung für die Raupen kam es regelmäßig zur Sammlung von Lorbeeren, die Raupen dienten dann der Seidengewinnung. Durch die Sammelaktionen der Kinder prägten sich regelrechte „Klassenkämpfe" zwischen den einzelnen Schulklassen aus, bei denen es um z.b. das höchste Gesamtgewicht an Metallschrott oder Lumpen ging.[235]

Zusätzlich sammelten die Osteeler Schulkinder im Umland Heilkräuter, diese wurden anschließend getrocknet und zentral gesammelt. Grund für diese Sammlung war die Beschaffung von ausreichend Arznei- und Heilmitteln für die Wehrmacht. Ab 1943 wurden im gesamten Reichsgebiet auch Schulkinder für die Sammlung involviert, um den gestiegenen Bedarf des Heeres decken zu können.[236]

---

[232] Vgl.: Stegemann, Wolf: Metallspende des dt. Volkes unter: http://www.rothenburg-unterm-hakenkreuz.de/ (abgerufen 05.06.2016)

[233], [234], [235] Qu.: Bogena, Heyo: Zeitzeugen-Erinnerungen Osteel, Interview 12/2015

[236] Vgl.: Gremke, Waltraud: Weg ohne Gnade, Books on Demand, 2012, S.83-84

Abb.63 Schulkinder transportieren gesammelte Heilkräuter in Osteel

Nicht nur die Schulkinder waren in der Pflicht Roh- und Wertstoffe zu sammeln und zu spenden bzw. abzugeben, sondern auch alle anderen Bürger. Es wurden für diese Zwecke spezielle Weisungen herausgegeben, die explizit zu sammelnde Materialien oder Gegenstände enthielten. Die alliierten Flugzeuge warfen bei z.b. Bombenangriffen sog. „Düppel" ab, bei denen es sich um Radartäuschkörper aus Aluminium oder Kohlefaser handelte. Durch diese Täuschkörper konnte die deutsche Feuerleitung für z.B. Flugabwehreinrichtungen via Radargerät gestört werden. Die abgeworfenen Täuschkörper verteilten sich anschließend wie „Lametta" auf Feldern und Wiesen, wo sie durch die Bevölkerung aufgelesen werden konnten, um die wertvollen Rohstoffe wiederum der deutschen Rüstungsindustrie zuzuführen. Am 10. Dezember 1943 wurde ein Rundschreiben an sämtliche Polizeidienstellen versendet, welches konkrete Handlungsanweisungen zum Umgang mit abgeworfenen Kraftstofftanks der deutschen Nachtjäger enthielt. Diese Tanks wurden gelegentlich durch die Luftfahrzeug-Führer abgeworfen und kamen dann an unterschiedlichsten Stellen auf. Da es sich bei den Tanks wiederum um wertvolle Rohstoffe handelte, sollte ein Auffinden eines solchen Tanks sofort der nächsten Polizeidienstelle oder dem nächsten Fliegerhorst gemeldet werden. Als Belohnung erhielt der Finder eine Prämie von 10 Reichsmark.[237]

---

[237] Vgl.: NLA AU, Rep. 20, Nr. 729

Das Gebäude der Schule in Osteel wurde neben der Sammelstelle für diverse Rohstoffe und Heilkräuter auch noch auf eine weitere Weise „zweckentfremdet".

Da die Stadt Emden im Verlauf des Krieges immer wieder schweren alliierten Bombenangriffen ausgesetzt war, erkannten die verantwortlichen Stadtverwalter bereits im Frühjahr 1940 unter Anderem die Wichtigkeit einer bombensicheren Aufbewahrung der zahlreichen Kunstgegenstände, Bilder, Archivgut sowie der Rüstkammer der Stadt Emden. Das schützenswerte Material wurde rechtzeitig in geeignete Luftschutzbunker und -keller ausgelagert. Neben dieser Maßnahme zum Schutze der wertvollen und unwiederbringlichen Kulturgüter wurden diese auch in umliegende Dörfer ausgelagert. Die Dörfer stellten keine direkten Ziele für angreifende Bomberverbände dar und waren vermeintlich sichere Orte für die Aufbewahrung der Kunstschätze, zumindest sicherer als der Verbleib in der als alliiertes Bombenziel hochfrequentierten Seehafenstadt Emden.[238]

Einige Schätze wurden somit auch nach Osteel verfrachtet und dort in der Osteeler Schule untergebracht, was den Wegfall eines Klassenraumes zur Folge hatte. Es handelte sich dabei um den Klassenraum an der nördlichen Seite, dessen Fenster zum Friedhof und in Richtung „Alter Postweg" ausgerichtet waren. Neben dem Kulturgut wurden auch Emder Bürger in den Jahren 1942 und 1943 in Osteel untergebracht, da diese nach den schweren Bombenangriffen ihre Wohnräume verloren hatten.[239]

*Abb.64 **Klassenraum als Lager für Museumsgegenstände***

---

[238] Vgl.: Janßen, Dietrich: Die LS-Maßnahmen und der Bunkerbau in Emden, 2005, S.3

[239] Qu.: Bogena, Heyo: Zeitzeugen-Erinnerungen Osteel, Interviews 01 u. 02/2016

5.3 Kriegsgefangene

Je länger der zweite Weltkrieg anhielt und je zahlreicher die Fronten wurden, desto mehr erhöhte sich auch der Personalbedarf für den Kriegsdienst in der Wehrmacht. Viele Männer wurden zum Kriegsdienst eingezogen und fielen teilweise als Soldat an der Front. Dies hatte im zunehmenden Maße einen großen Mangel an Arbeitskräften in der heimischen Wirtschaft zur Folge. Kriegswichtige Rüstungsindustrie oder Bereiche in der Landwirtschaft hatten einen großen Personalverlust bei zunehmendem Auftrags- und Arbeitsaufkommen zu beklagen.
Um diese Lücken zu füllen, wurde bereits nach dem Polenfeldzug damit begonnen, polnische Kriegsgefangene und Zivilisten als Zwangsarbeiter nach Deutschland zu deportieren. Es handelte sich dabei um ca. 1,5 Millionen Zivilsten und 500.000 Kriegsgefangene polnischer Herkunft, nach dem Überfall auf die Sowjetunion im Sommer 1941 wurden weitere 2,8 Millionen Menschen in das Deutsche Reich zur Zwangsarbeit deportiert, genauso wie zahlreiche Franzosen und ab 1943 auch Italiener. Hauptsächlicher Aufgabenbereich für die „neuen" Arbeitskräfte lag in der Rüstungsindustrie sowie in der Landwirtschaft. Die Bedingungen unter denen die Zwangsarbeiter arbeiten mussten waren sehr unterschiedlich, aber in der Masse relativ schlecht, deutlich schlechter als vergleichbare deutsche Arbeitskräfte. Harte Strafen für leichte Vergehen und stetige Diskriminierung waren vielerorts an der Tagesordnung, dieser Völkerhass wurde durch „Merkblätter", Parolen und Gesetze der deutschen Führung verbreitet und gefordert (siehe Merkblatt auf S.126).[240]
In Osteel wurden, wie auch in vielen anderen Ortschaften, Kriegsgefangene als Zwangsarbeiter in der Landwirtschaft verwendet. Es handelte sich dabei um Kriegsgefangene verschiedener Nationen, die zentral in einem kleinen Kriegsgefangenenlager untergebracht wurden. Tagsüber befanden sich die Zwangsarbeiter auf dem Hof des Landwirtes, dem sie für die Arbeit zugeteilt waren. Abends wurden die Gefangenen wieder in das kleine „Lager" gebracht, wo sie die Nacht verbrachten. Der Schweinestall des Hofes Sterrenberg (heute „Alter Postweg" Nr. 190) diente als Kriegsgefangenenlager.[241]

---

[240] Vgl.: Verein „Wider der Vergessen und gegen Rassismus" e.V. Marpingen: Zwangsarbeiter(innen) und Kriegsgefangene unter: http://www.widerdasvergessen.de/index.php/ marpingen/zwangsarbeiterinnen-und-kriegsgefangene (abgerufen am 19.05.2016)
[241] Qu.: Bogena, Heyo; Abegg, Erich: Zeitzeugen-Erinnerungen Osteel, Interviews 03/2016

Abb.65 Das „Kriegsgefangenenlager" im Stallgebäude am Alten Postweg

Über den Einsatz der Kriegsgefangenen in Osteel ist prinzipiell wenig überliefert, ein Großteil der Informationen beruht auf Zeitzeugenaussagen. Die Familie Bogena, deren Hof in der Nähe der Kirche heute noch existiert und das *Kinderhaus Osteel e.V.* beheimatet („Alter Postweg" Nr. 86), bekam während des Krieges verschiedene Kriegsgefangene für die Arbeit in der Landwirtschaft zugeteilt. Die eingesetzten Gefangenen legten sehr unterschiedliche Arbeitsmoral und Motivation an den Tag, der Russe „Gregor" blieb allerdings bis heute in positiver Erinnerung.[242]

Gregor war sehr motiviert und arbeitete sehr gut in der Landwirtschaft. Durch den täglichen Kontakt und durch die gemeinsame Einnahme von Mahlzeiten bildete sich ein nahezu freundschaftliches Verhältnis zwischen der Familie und dem jungen Kriegsgefangenen.[243] Diese Art von „Behandlung" der Zwangsarbeiter wurde der zuständigen Deutschen Führung zunehmend ein Dorn im Auge, diese fokussierte eine klare Festsetzung und Behandlung der auf den Höfen eingesetzten Gefangenen als „Untermenschen".

[242, 243] Qu.: Bogena, Heyo: Zeitzeugen-Erinnerungen Osteel, Interviews 12/2015 u. 03/2016

Zur Vollstreckung dieser Maßnahmen wurden entsprechende Merkblätter und Vorgaben erteilt, wie die Kriegsgefangenen im Sinne der nationalsozialistischen Führung behandelt werden sollten, bei Verstößen drohten empfindliche Strafen. Gregor durfte ab jetzt nicht mehr bei der Familie am Tisch sitzen, sondern hatte seine Mahlzeiten an einem separaten Tisch einzunehmen. Diese Regelung wurde 1943 noch weiter dahin gehend verschärft, dass Gregor jetzt sogar in einem anderem Raum essen musste. Trotz aller Maßnahmen zur „Aufspaltung" der guten Kontakte zwischen Gefangenem und der Familie, bekam der junge Russe weiterhin das gleiche Essen zur Verfügung gestellt.

Abb.66 *Zeitungsausschnitt 1943*

Als der Krieg vorbei war, sollte Gregor wieder zurück in seine russische Heimat gebracht werden. Der junge Mann betonte mehrfach, dass er eigentlich lieber auf dem Osteeler Hof bleiben wolle, als zurück in seine Heimat zu gehen. Zu groß war die Angst vor den eigenen Landsleuten der Roten Armee, die in deutsche Gefangenschaft geratene russische Soldaten missbilligte und bestraften. Am Ende war jedoch die Sehnsucht nach den eigenen Eltern und der Familie zu groß, sodass Gregor sich doch zurück in seine Heimat begab. Die Bogenas hörten nie wieder etwas von Gregor und auch spätere „Nachforschungen" zum Verbleib des jungen Mannes blieben erfolglos.[244]

Ein weiterer überlieferter Fall eines Osteeler Kriegsgefangenen endete auf eine andere tragische Weise. Am 14. September 1944 beging ein französischer Gefangener in Osteel-Reitham Selbstmord. Der Zivilfranzose *Baptisti Brùschi*, geboren am 29. Oktober 1911 in *Colline de Magnan Alpine maritime*, erhängte sich auf dem Hof, dem er zur Zwangsarbeit zugeteilt wurde, in Osteel-Reitham.[245]

---

[244] Qu.: Bogena, Heyo: Zeitzeugen-Erinnerungen Osteel, Interviews 12/2015 u. 03/2016
[245] Vgl.: NLA AU, Rep. 249 b, acc. 2010/075 Nr. 1953, StB. Osteel Nr. 19

Der Franzose wurde auf dem Osteeler Friedhof bestattet, allerdings blieb er dort nicht bis heute begraben. In den 1950er Jahren wurden die sterblichen Überreste durch eine Kommission exhumiert und in einem Zinnsarg zurück in die französische Heimat des Toten verbracht.[246]

Merkblatt

Wie verhalten wir uns gegenüber den Polen?

Um die Ernährung des deutschen Volkes zu sichern und der Landwirtschaft die hierfür notwendigen Arbeitskräfte zur Verfügung zu stellen, werden in diesem Jahre eine große Anzahl Polen in der Landwirtschaft eingesetzt. Sie sollen es den deutschen Bauern erleichtern, den Aushungerungsversuch unserer Feinde zunichte zu machen.

Dafür erwarten wir von allen Volksgenossen auf dem Lande:

Haltet Abstand von den Polen!

. . . Sie gehören einem Volke an, das noch vor wenigen Monaten 58 000 Deutsche ermordet hat.

Werdet nicht zu Verrätern an der deutschen Volksgemeinschaft!

Die Polen gehören nicht zur deutschen Volksgemeinschaft. Wer sie wie Deutsche behandelt oder gar noch besser, der stellt seine eigenen Volksgenossen auf eine Stufe mit Fremdrassigen. Das Gleiche gilt auch für den deutschen Gruß. Wenn es nicht zu vermeiden ist, daß sie mit euch unter einem Dach wohnen, dann bringt sie so unter, daß jede engere Berührung mit eurer Familie ausgeschlossen ist.

Laßt Polen nicht mit an eurem Tisch essen!

Sie gehören nicht zur Hofgemeinschaft, noch viel weniger zur Familie. Ihr sollt ihnen zwar genügend zu essen geben, sie sollen aber getrennt von euch essen.

Bei euren Feiern und Festen haben die Polen nichts zu suchen!

Wir wollen in unseren Feiern und Familienfesten unter uns sein. Die Polen sind ein fremdes Volk. Sie werden unter sich ihre eigenen Feiern veranstalten.

Abb.67 Ausschnitt: Merkblatt zum Umgang mit polnischen Kriegsgefangenen

---

[246] Qu.: Bogena, Heyo: Zeitzeugen-Erinnerungen Osteel, Interviews 12/2015 u. 03/2016

Über die Anzahl der in Osteel eingesetzten Kriegsgefangenen gibt es keine genauen Überlieferungen. Sämtliche Bezifferungen beziehen sich auf den Landkreis Norden allgemein. Schon am 27. Oktober 1939 forderte die Kreisbauernschaft Norden ein Kontingent von 245 Kriegsgefangenen an, für die verschiedene Möglichkeiten der Unterkunft bereitgestellt wurden. Die Masse der Gefangenen dieser Anforderung sollte im Dornumer Schloss unterkommen. Allgemein hatte ein Kreis, der beabsichtigte Kriegsgefangene zu beschäftigten, immer ausreichend Unterkunftskapazitäten bereitzustellen, damit eine Forderung bewilligt wurde. Die Anforderung dieser Arbeitskräfte für landwirtschaftliche Arbeiten wurde vom Norder Oberbaurat Gienke an das zuständige Arbeitsamt Emden gestellt. Das Emder Arbeitsamt war die Anlaufstelle für die „Bereitstellung und Beschaffung" von Kriegsgefangenen als Arbeitskräfte in diversen Bereichen.[247]

Es war gerade ein Monat verstrichen, nachdem die Wehrmacht im Juni 1941 auf breiter Front den Angriff auf die Sowjetunion begann, da forderte der Landkreis Norden bereits russische Kriegsgefangene als dringend benötigte Arbeitskräfte für verschiedene Arbeiten an. Bei der Anforderung sollten 200 russische Gefangene bei Landgewinnungsarbeiten in der Leybucht eingesetzt werden und weitere 100 für sog. „Meliorationen". Unter diesem Begriff versteht man Maßnahmen zur Werterhöhung des Bodens, um den Ertrag zu steigern oder die Bewirtschaftung zu vereinfachen. In der Anforderung des Landkreises Norden vom 28. Juli 1941 an das Arbeitsamt Emden wurden die Meliorationen als „lebensnotwendige Unterhaltungsmaßnahmen" deklariert um die Dringlichkeit des Bedarfes an russischen Kriegsgefangenen nochmals zu unterstreichen.[248]

[247, 248] Vgl.: NLA AU, Rep. 16/3, Nr. 2259

6. Kriegsende

Im Angesicht der aussichtslosen Lage und dem drohenden Untergang des Deutschen Reiches nahm sich Adolf Hitler am 30. April 1945 in Berlin das Leben. Der Großadmiral Karl Dönitz, der zuvor noch das Amt des Oberbefehlshabers der Kriegsmarine, der Unterseeboote und Oberbefehlshaber der Wehrmacht für den Nordraum bekleidete, trat anschließend am 1. Mai 1945 als Hitlers Nachfolger in das Amt des Reichspräsidenten.[249]

Nach der Übernahme fasste Dönitz die geplante Kapitulation der im Westen stehenden deutschen Kräfte ins Auge und gab einen Tag später folgenden Befehl heraus (abgesetzt 02.05.1945 über Funk 21:20 Uhr):[250]

„Der Großadmiral hat befohlen:

1. *Hamburg ist nicht zu verteidigen, die Truppe aus der Stadt in den Raum nördlich Hamburg abzusetzen und diese Tatsache unverzüglich durch Parlamentär zur Vermeidung der angekündigten Bombardierung der Stadt mitzuteilen.*
2. *Der Kampf im Gesamtbereich des OB Nordwest ist um Zeitgewinn zu führen. Dabei ist insbesondere ein rasches Durchbrechen auf und über den Kaiser-Wilhelm-Kanal zu verhindern, um der Reichsregierung die Zeit zu verschaffen, mit Montgomery über den nordwestdeutschen Raum zu verhandeln. Der Kaiser-Wilhelm-Kanal ist zu diesem Zweck unter einheitlicher Führung mit allen verfügbaren Kräften zu verteidigen, ohne die Übergänge zu unterbrechen oder zu zerstören. Alle aus Dänemark zufließenden Kräfte sind nördlich des Kanals auszuladen und zum Schutze des Kanals einzusetzen. Kiel ist in die Verteidigung des Kaiser-Wilhelm-Kanals einzubeziehen und entsprechend zu besetzen. Der weitere Rückstrom von Trecks über den Kaiser-Wilhelm-Kanal ist zu verhindern, und diese sind im Raum südlich des Kanals (von den Hauptstraßen abgesetzt) zu verteilen. Die vorgesehene Übernahme des Befehls über die Heeresgruppe „Weichsel" durch Feldmarschall Busch wird vorerst noch ausgesetzt.*

   I.A:.
   gez. Jodl, Generaloberst"

Die eigentliche Kapitulationsurkunde, die die Kapitulation der deutschen Streitkräfte an der britischen Front in den Niederlanden und in Dänemark festlegte, wurde durch den Generaladmiral von Friedeburg unterzeichnet, der von Großadmiral Dönitz mit der ausreichenden Vollmacht ausgestattet wurde. Friedeburg flog am 5. Mai 1945 nach Reims, um im Hauptquartier von General Eisenhower über die Kapitulation der deutschen Kräfte im Westen zu verhandeln.

Am 4. Mai 1945 um 18:30 Uhr wurde die Kapitulation unterzeichnet und trat am 5. Mai um 08:00 Uhr in Kraft. Diese enthielt folgenden Wortlaut:[251]

1. *„Das Oberkommando der deutschen Wehrmacht erklärt sich einverstanden mit der Übergabe sämtlicher deutscher Streitkräfte in Holland, in Nordwest-Deutschland einschl. der Friesischen Inseln und Helgoland und allen anderen Inseln, in Schleswig-Holstein und in Dänemark an den Oberbefehlshaber der 21. Heeresgruppe. Diese schließt alle Schiffe in diesen Zonen ein. Diese Streitkräfte haben die Waffen zu strecken und sich bedingungslos zu ergeben.*

2. *Alle Kampfhandlungen auf dem Lande, zur See und in der Luft durch deutsche Streitkräfte in den vorgenannten Gebieten sind um 08:00 Uhr vormittags doppelte britische Sommerzeit am Sonnabend, dem 5. Mai 1945 einzustellen.*

3. *Die betreffenden deutschen Befehlsstellen haben sofort ohne Widerspruch oder Kommentar alle weiteren Befehle auszuführen, welche durch die alliierten Mächte in jedweder Sache erteilt werden.*

4. *Ungehorsam im Bezug auf Befehle oder Ermangelungen in deren Ausführung werden als Bruch dieser Übergabebedingungen angesehen und werden von den alliierten Mächten laut den anerkannten Rechten und Kriegsgebräuchen behandelt.*

5. *Die Übergabebedingungen sind unabhängig von, ohne Vorbehalt auf und werden überholt durch irgendwelche allgem. Übergabebedingungen, welche durch oder im Auftrag der alliierten Mächte gestellt werden in Bezug auf Deutschland und die deutschen Streitkräfte im Ganzen.*

6. *Der Wortlaut dieser Kapitulationsurkunde ist in englischer und in deutscher Sprache aufgestellt. Der englische Teil ist der maßgebende.*

7. Sollten sich irgendwelche Zweifel oder Dispute bezüglich der Auslegung oder Deutung der Übergabebedingungen ergeben, so ist die Entscheidung der Alliierten Mächten die endgültige.

4. Mai 1945, 18:30 Uhr   *gez.: B.L. Montgomery*
                                       gez.: Friedeburg
                                       Kinzel
                                       G. Wagner
                                       Poleck
                                       Friedel"

Das Oberkommando der Wehrmacht befahl ergänzend zu den vereinbarten Übergabebedingungen, dass deutsche Offiziere und ein Teil der deutschen Truppen (10% der besten Soldaten jeder Kampfgruppe) ihre leichten Waffen behalten durften um weiterhin die nötige Disziplin, Ruhe und Ordnung aufrechterhalten zu können.[252] Die unterzeichnete Kapitulation wurde am 5. Mai 1945 via KR-Blitz Funksprüche und Fernschreiben[253] übermittelt und es ergingen daraus folgende Befehle, die nochmals klarstellen, dass der Kampf im Westen verloren war, nicht jedoch der gegen die Rote Armee im Osten:[254]

a)

„Ab 5.5.45, 8:00 Uhr deutscher Sommerzeit, Waffenruhe gegenüber den Truppen des Feldmarschalls Montgomery. Sie umfasst alle Verbände des Heeres, der Kriegsmarine, der Luftwaffe und der Waffen-SS im Bereich der Niederlande, Friesland einschl. der West- und Ostfriesischen Inseln und Helgoland, Schleswig-Holstein und Dänemark. Sofort an sämtliche unterstellte Truppen bekannt geben.

Eingang des Befehls nachprüfen.

Truppe bleibt mit ihren Waffen in Stellung, in See befindliche Transportbewegungen der Kriegsmarine laufen weiter. Keinerlei Zerstörungen, Schiffsversenkungen und Kundgebungen. Sicherung aller Vorräte, Gehorsam und Disziplin mit eiserner Strenge aufrechterhalten. Weitere Befehle folgen.

OKW/WFStab/Nr. 003007/45 g.Kdos.

gez. Keitel"

---

[249] Vgl.: Michaelis, Herbert: Der zweite Weltkrieg, Bertelsmann-Lexikon Vlg., 1968, S.624

[250, 251, 252, 254] Vgl.: Schramm, Percey E.: Kriegstagebuch des OKW, S.1669-1675

[253] *KR-Blitz Funkspruch/Fernschreiben:* Funkspruch oder Fernschreiben von Kommandeur zu Kommandeur (Stab zu Stab)

b)

1. „*Wenn wir in Nordwestdeutschland, Dänemark und Holland die Waffen niederlegen, so geschieht es, weil der Kampf gegen die Westmächte seinen Sinn verloren hat. Im Osten jedoch geht der Kampf weiter, um möglichst viele deutsche Menschen vor der Bolschewisierung und Versklavung zu retten.*

2. *Jeder Soldat, insbesondere jeder Offizier, hat durch stolze männliche Haltung und Würde dazu beizutragen, dass der Ehrenschild der deutschen Nation jetzt nach einem fast sechsjährigen, heroischen und ehrenvollen Kampf, der in der Weltgeschichte seinesgleichen sucht, rein und unantastbar bleibt. Nur so können wir vor den Opfern dieses Krieges bestehen und ihr Andenken in Ehren halten. Nur so helfen wir der Heimat in dieser schweren Stunde, und nur so allein können wir dem Gegner die Achtung abverlangen, auf die brave und tapfere Soldaten von jeher einen Anspruch hatten.*

3. *Die Waffen sind erst nach Aufforderung durch den Gegner geordnet und gesammelt niederzulegen.*

4. *Sämtliche Waffen, Munitions-, Betriebsstoff-, Verpflegungs- und sonstige Lager und militärische Einrichtungen sind durch Kommandos unter Führung namentlich bestimmter Offiziere besonders zu bewachen und gegen Plünderung zu schützen.*

5. *Sichere und schnelle Nachrichtenübermittlung zu allen unterstellten Truppenteilen, Dienststellen und Kommandobehörden muss unbedingt gewährleistet bleiben.*

6. *Die befohlene Bewegung nach Dänemark (Chef OKW/Chefgruppe Nr. 3015/45 g.Kdos. vom 4.4.45) laufen weiter.*

7. *Vorstehender Befehl gilt sinngemäß für die der Wehrmacht angeschlossenen Organisationen (OT u. RAD) Für die Weitergabe an diese sorgen die Kommandobehörden.*

8. *Ich mache die Befehlshaber und Kommandeure aller Dienstgrade für schnelle und gewissenhafte Durchführung dieses Befehls persönlich verantwortlich.*

gez.: I.A. Keitel
Generalfeldmarschall
OKW/WFStab Nr.0010004/45 g.Kdos"

Im Zuge dieser Teilkapitulation der deutschen Wehrmacht am 5. Mai 1945 um 08:00 Uhr, fiel auch Osteel in den vereinbarten Bereich. Das II. Korps der 1. kanadischen Armee hatte Mitte April 1945 den Auftrag erhalten, den Vorstoß der 2. britischen Armee auf die strategischen Zielen Bremen und Hamburg über den linken Flügel zu decken. Zuvor hatte die 1. kanadische Armee mit der Eroberung von Groningen und der Einschließung des Hafens Delfzijl die deutsche Front durchbrochen und die 25. Armee ("Holland-Armee") als Großverband der Wehrmacht in den Niederlanden eingekesselt. Die Kanadier erhielten neben den Deckungsmaßnahmen für die Briten auch noch den Auftrag die Häfen Emden und Wilhelmshaven zu besetzen und die gesamte "ostfriesische Halbinsel" einzunehmen. Für diese Aufgabe zog das II. Korps seine Kräfte aus den Niederlanden zusammen und stellte sich zum Angriff bereit.[255]

Nach der Überquerung der deutsch/niederländischen Grenze durch die 3. kanadische Division als Teil des II. Korps, die bei Winschoten über die Ems setzten, fiel letztendlich das Rheiderland am 27. April 1945 in kanadische Hand. Am 28. April folgte der Angriff auf die Stadt Leer, die nach heftigen Kämpfen am 30. April besetzt werden konnte, als nächstes Ziel für die kanadischen Truppen wurde die Eroberung der Städte Emden und Aurich ins Auge gefasst. In Aurich wurden am 3. und 4. Mai 1945 Verhandlungen über die kampflose Übergabe der Stadt an die Kanadier geführt. Anschließend wurde die Stadt nach der Teilkapitulation der deutschen Wehrmacht in Nordwestdeutschland am 5. Mai 1945 formlos übernommen.[256] Zwischen dem 5. und 7. Mai wurden jetzt alle noch unbesetzten ostfriesischen Städte von kanadischen Truppen besetzt.[257]

Am 7. Mai 1945 unterzeichnete Generaloberst Jodl, Chef des Wehrmachtführungsstabs und für diese Aufgabe vom Reichspräsidenten Großadmiral Dönitz autorisiert, in den frühen Morgenstunden, die bedingungslose Kapitulation aller deutschen Streitkräfte. Diese Kapitulation trat für alle Fronten am 8. Mai in Kraft, der zweite Weltkrieg war vorüber.[258]

[255, 256] Vgl.: Nassau, Rudolf: Das Ende des zweiten Weltkrieges in Aurich, Heimatverein Aurich e.V., 1999, S.8, 12

[257] Vgl.: Nassau, Rudolf: Das Kriegsende in Ostfriesland, Protokoll des Treffens am 13.05.2005 im alten Lesesaal der Landschaftsbibliothek Aurich

[258] Vgl.: Schramm, Percey E.: Kriegstagebuch des OKW, Weltbild-Vlg., 2002, S.1482-1483

Osteel war jetzt auch unter Kontrolle des II. Korps der 1. kanadischen Armee, als die kanadischen Truppen die Stadt Norden besetzten. Die Kanadier rollten mit diversen Fahrzeugen und Panzern über die „Brookmerlander Straße" in Richtung Norden und zerstörten dabei ein Großteil des Straßenbelages.[259] Anschließend in der direkten Nachkriegszeit fuhren die kanadischen Soldaten mit ihren LKW's über Land und besuchten umliegende Dörfer um von den Bauern Lebensmittel wie Mich oder Eier im Tausch gegen z.b. Weißbrot zu bekommen. Diese Touren waren gerade für die Osteeler Kinder ein „lukratives" Geschäft. Die kanadischen Soldaten nahmen meistens zwei oder drei Kinder auf ihren LKW's mit, damit diese dann bei den angefahrenen Bauern absaßen und die Tauschgeschäfte abwickelten.[260] Als Belohnung gab es meistens Schokolade, die sonst kaum zu bekommen war. Die meisten Kinder versuchten einen dieser begehrten Mitfahrerplätze zu bekommen. Während der Rundfahrten befanden sich auf vielen Höfen bereits internierte deutsche Soldaten (mehr dazu im Folgenden) bei denen die Kanadier, wie viele andere alliierte Soldaten auch, auf „Trophäenjagd" gingen. Beliebt waren z.b. besonders Koppelschlösser, Uniformteile, Uhren usw. Diese Gegenstände wurden oftmals von den deutschen Soldaten gegen Zigaretten oder andere Genussmittel getauscht.[261] Ob die vier angezeigten Plünderungsschäden am 26. und 27. Mai, sowie am 6. Juli 1945[262] (siehe Tabelle, Abb.52 auf S.98) auch den Kanadiern zuzuschreiben sind ist nicht überliefert aber durchaus möglich.

In der Osteeler Schule wurden, als es an Brennmaterial fehlte, sämtliche Bücher, der Schrank und die Schreibtafel verfeuert. Auch Lehr- und Lernmittel sowie Akten blieben vor dem Zugriff nicht sicher. Nach Kriegsende waren die Lehrerwohnungen mit drei Lehrer- und zwei Flüchtlingsfamilien belegt. Weitere zwei Räume dienten als Gemeindebüro.[263]

[259, 260] Qu.: Gerdsen, Hans: Zeitzeugen-Erinnerungen Osteel, Interview 11/2015

[261] Qu.: Bogena, Heyo: Zeitzeugen-Erinnerungen Osteel, Interview 12/2016

[262] Vgl.: Vgl.: NLA AU, Rep. 16/1, Nr. 338

[263] Vgl.: Raveling, Jakob: Osteel und Leezdorf Einst und Jetzt, SKN-Verlag, 1987, S.74

6.1 Internierungslager

Nachdem die 25. Armee, die so genannte „Holland-Armee" der Deutschen Wehrmacht, in den Niederlanden durch Truppen der 1. kanadischen Armee eingekesselt wurde, erhielt diese den Status als „Disarmed Enemy Forces" und nicht den regulären Status als „Kriegsgefangene". Die „Holland-Armee" bestand aus insgesamt 117.629 Soldaten mit sämtlichen Einheiten/Verbänden und Dienststellen der Wehrmacht in den Niederlanden. Während des Aufenthaltes in den Niederlanden befanden sich die deutschen Soldaten in insgesamt 15 Sammellagern, die Verantwortung auf niederländischem Boden lag beim I. Korps, genauer bei der 5. Panzer-division der 1. kanadischen Armee. Ab Überschreitung der deutschen Grenze übernahm das II. Korps die Verantwortung, ab dem 15. Juni 1945 übernahm das 30. britische Korps die Überwachung von Marschbewegung und die Demobilisierung der deutschen Verbände/Einheiten.[264]

Der deutsche Oberbefehlshaber der 25. Armee, Generaloberst Johannes Blaskowitz, war für die Ordnung und Disziplin innerhalb der unbewachten Sammellager zuständig. Blaskowitz wurde ebenfalls für die Durchführung des am 21. Mai 1945 beginnenden Marsches in das Internierungsgebiet Ostfriesland verantwortlich gemacht. Geplant war, die Masse der 25. Armee auf dem Marschweg in das eingerichtete Internierungsgebiet Ostfriesland zu verbringen. Die Marschroute, die Zwischenlager und die Verpflegung wurden durch den Stab der 1. kanadischen Armee vorgegeben oder geregelt.[265] Die Marschleistung von 30 bis 40km am Tag, wurde in großen Marschblöcken mit bis zu 10.000 Mann zu Fuß durchgeführt. Die großen Marschblöcke wurden in der Regel nochmal in etwa 3000 Soldaten unterteilt. Übernachtet wurde in den vorgegebenen Zwischenlagern. Teilweise mussten sich die Truppen unterwegs selbst verpflegen, dafür statteten sich die Soldaten z.B. im Verpflegungslager der deutschen Marine in Den Helder mit ausreichend Lebensmitteln aus. Vor Überschreitung der Grenze in den Internierungsraum, wurden die Soldaten von Kanadiern gründlich untersucht und teilweise auch bestohlen.[266]

[264, 265, 266] Vgl.: Nassau, Rudolf: Besatzung Ostfriesland 1945 – 1949 Neuanfang, Digital-druck Emden, 2005, S.127 u.128

Anneliese Boecker berichtete über den Marsch in das ostfriesische Internierungsgebiet:

„Häufig kamen jetzt deutsche Soldaten über Großefehn zurück, vornehmlich aus Holland kamen ganze Einheiten. Wenn es bekannt wurde, liefen wir schnell an die Hauptstraße, um unseren Landsern zu zuwinken. Sie freuten sich immer über einen Willkommensgruß. In den Flumm-Wiesen nördlich von Großefehn wurde ein riesiges Camp eingezäunt und als Zwischenlager auf dem Weg in die Internierung genutzt. Die Soldaten lagen darin unter freiem Himmel. Tagsüber wurden sie zu Instandsetzungsarbeiten an der Leerer Landstraße eingesetzt. Unser Weg zum Holz holen führte uns oft an solchen Trupps mit Bewachung vorbei. Sie hielten uns nur stumm einen Brief entgegen, und zwar in dem Augenblick, in dem Bewachungsposten uns den Rücken zuwandte. Wir schalteten sofort, nahmen den Brief an uns, frankierten und brachten ihn zur Post. Dies war ja die einzige Möglichkeit, den Angehörigen ein Lebenszeichen zu geben."[267]

Vielerorts kam es, wie es auch Frau Boecker beschrieb, zu einem freudigen Empfang von in Internierung oder Gefangenschaft marschierenden Soldaten. Ein Angehöriger der 2. Marine-Infanterie-Divison geriet mit seinen Kameraden in der Nähe von Heide in Schleswig-Holstein in Gefangenschaft. Dieser beschreibt, dass auf dem darauf folgenden Marsch durch die Stadt Heide, die Marinesoldaten wie Sieger von der deutschen Bevölkerung empfangen wurden. Da das Singen während des Marsches durch die Alliierten verboten wurde, pfiffen die deutschen Soldaten stattdessen ihre bekannten Marschlieder.[268]

Neben der 25. Armee der Wehrmacht, gingen auch die Soldaten der Armeegruppe „Straube" in die Internierung. Die Armeegruppe „Straube" stand zum Zeitpunkt der Kapitulation am 5. Mai 1945 im Raum Reichsgrenze-Nordseeküste-Weser-Ems-Jade-Kanal mit rund 30.000 Soldaten. Zusätzlich kamen noch die Soldaten der Seeverteidigung Ostfriesland dazu, die in Ostfriesland und im Ems-Jadegebiet stationiert waren. Die Summe der Soldaten, die aus sämtlichen Teilstreitkräften stammten, belief sich ebenfalls auf rund 30.000. Von den Insgesamt 60.000 Soldaten gingen allerdings nur knapp die Hälfte in britische Internierung und damit, wie auch die 25. Armee, in die „Concentration Area Ostfriesland".[269]

[267, 269] Vgl.: Nassau, Rudolf: Besatzung Ostfriesland 1945 – 1949 Neuanfang, Digitaldruck Emden, 2005, S.127 u.128
[268] Qu.: Ebert, Wolfgang: Zeitzeugen-Erinnerungen 2. Mar.Inf.Div., Interview 06/2016

Der zwanzigjährige Gefreite Gottwen Friedel, eigentlich Postbeamter aus dem Erzgebirge, marschierte mit seiner Kompanie der 6. Fallschirmjägerdivision, als Teil der 25. „Holland-Armee" in der ersten Marschgruppe von den Niederlanden in das Internierungsgebiet Ostfriesland. Nach einem über zehntätigen Marsch überschritten sie am 2. Juni 1945 bei Neuschanz die deutsch-niederländische Grenze. Das letzte Zwischenlager vor Erreichen des Zieles lag in Warsingsfehn, wo eine abschließende ärztliche Untersuchung der deutschen Soldaten durch eine Arzt-Truppe und eine Untersuchung von Dienstpferden durch einen Veterinär von den Kanadiern durchgeführt wurden. Friedels Kompanie marschierte anschließend geschlossen erst nach Westermarsch und dann nach Osteel. Am 20. Juli 1945 wurde er zum Bauern Eckhoff, Schoonorther Sommerpolder, als landwirtschaftlicher Arbeiter entlassen.[270]

Die Verbände und Einheiten blieben soweit es möglich war, weiterhin zusammen. Die deutsche Organisation mit Militärgerichtsbarkeit und Disziplinargewalt blieb, unter Aufsicht der Briten, in dem Internierungsgebiet weiter bestehen. Deutscher Befehlshaber für die Soldaten im Internierungsgebiet war ab Ende Juni 1945 der Generalmajor Reichel, kommandierender General der LXXXVI. Korpsgruppe mit dem Amtssitz in der Stadt Norden. Generalmajor Reichels wichtigste Aufgabe war es, die Soldaten im Internierungsgebiet zu halten und das unerlaubte Entfernen Einzelner zu unterbinden. Den Internierten war es verboten, den Ems-Jade-Kanal in Richtung Süden zu überschreiten. Die Bewachung sämtlicher Übergänge und des Kanals selber wurde durch die Kanadier und später durch die Briten durchgeführt. Bis zum 5. Juli 1945 war der gesamte Rückmarsch der deutschen Einheiten aus den Niederlanden in das Internierungsgebiet bis auf wenige Nachzügler abgeschlossen. Insgesamt belief sich die Gesamtzahl der internierten Soldaten jetzt auf rund 140.000.[271]

Osteel lag mitten im Internierungsgebiet und wurde zur Einquartierung von deutschen Soldaten, wie auch des Gefreite Gottwen Friedel, genutzt. Es handelte sich um ca. 1800 deutsche Soldaten[272] darunter Teile der 6. Fallschirm-jägerdivision[273] und mindestens ein Reiterschwadron.[274]

[270, 271, 273] Vgl.: Nassau, Rudolf: Besatzung Ostfriesland 1945 – 1949 Neuanfang, Digitaldruck Emden, 2005, S.128 u. 129

[272] Vgl.: Seidel, Peter: Ortschronik Osteel, Ostfriesische Landschaft, S.3

[274] Qu.: Abegg, Erich: Zeitzeugen-Erinnerungen Osteel, Interview 10/2016

Alle Offiziere und Unteroffiziere mussten nach dem geltenden Kriegsvölkerrecht nicht arbeiten, sondern nur die Mannschaftsdienstgrade. Diese sollten auf den Bauernhöfen und landwirtschaftlichen Betrieben die ausländischen Kriegsgefangenen und Zwangsarbeiter ersetzen, bis die männliche Bevölkerung aus der Kriegsgefangenschaft zurückgekehrt war.[275] Die meisten Internierten kamen deswegen auch direkt auf den Bauernhöfen in Scheunen oder in Zelten unter.[276] Ebenfalls wurden noch vorhandene Baracken mit den Soldaten belegt. Verpflegt wurden die Soldaten zentral von einer „Gulaschkanone", einer Feldküche, die gegenüber der Osteeler Schule aufgebaut wurde.[277] Auf dem Hof der Familie Bogena wurden insgesamt sechs Soldaten in der Scheune oder dem Stall und drei weitere im Wohnhaus untergebracht. Zusätzlich wurde in der Wohnstube ein „Sanitätsrevier" eingerichtet, wo alle Soldaten zentral behandelt wurden.[278] Die Schmiede Abegg übernahm den Hufbeschlag für die Dienstpferde eines ganzen Reiterschwadrones mit ca. 300 Tieren. Zusätzlich wurden zwei Motorräder bei der Schmiede Abegg untergestellt, die nach Abzug der internierten Soldaten dort stehen gelassen und anschließend durch den Landkreis verkauft wurden. Dr. Steffens aus Marienhafe war als Oberveterinär bei der Wehrmacht tätig und übernahm die Versorgung der Dienstpferde, die mit der „Holland-Armee" kamen.[279]

Im Herbst 1945 begannen die regulären Entlassungen der deutschen Soldaten aus der Internierung, die Entlassungspapiere wurden durch deutsche Dienststellen vorbereitet und durch Kanadier oder Briten ausgehändigt. Am 6. November 1945 waren es allerdings noch rund 100.000 Soldaten, im Dezember 1945 waren immer noch rund 12.000 interniert, deren Heimat ostwärts der Oder-Neiße-Grenze lag. In diese Gebiete konnten sie nicht zurückkehren und durften als Flüchtlinge in Ostfriesland bleiben. Andere wollten aus Angst einer erneuten Gefangenschaft nicht zurück in ihre Heimatgebiete, die in der sowjetischen Zone lagen.[280] Der größte Teil der in Osteel untergebrachten Soldaten verließ bis zum Jahresende 1945 das Dorf.[281]

[275, 280] Vgl.: Nassau, Rudolf: Besatzung Ostfriesland 1945 – 1949 Neuanfang, Digitaldruck Emden, 2005, S.129

[276, 281] Vgl.: Seidel, Peter: Ortschronik Osteel, Ostfriesische Landschaft, S.3

[277, 278] Qu.: Bogena, Heyo: Zeitzeugen-Erinnerungen Osteel, Interview 12/2015

[279] Qu.: Abegg, Erich: Zeitzeugen-Erinnerungen Osteel, Interviews 10/2015 u. 03/2016

7. Osteeler Soldaten

Wie vielerorts wurde auch in Osteel während des Krieges ein Großteil der männlichen Bevölkerung zum Kriegsdienst in der Wehrmacht eingezogen. Viele der teilweise sehr jungen Soldaten mussten ihr Leben lassen. Insgesamt kamen 118 Osteeler Bürger nicht zurück, 88 fielen auf verschiedensten Schlachtfeldern des zweiten Weltkrieges und 30 sind immer noch vermisst. Zum Gedenken an die Gefallenen und Vermissten aus Osteel und Leezdorf wurde auf dem Friedhof in Osteel vor dem Gefallenendenkmales des ersten Weltkrieges ein Denkmal für die des Zweiten Weltkrieges errichtet.

Abb.68 Gefallenendenkmäler des Ersten und Zweiten Weltkrieges

Nachfolgend eine Liste, die jeden Gefallenen oder Vermissten, soweit vorhanden, auch mit Todes-Vermisstendatum und Ort sowie die heutige Grablage nennt. Die Informationen stammen aus der Datenbank des Volksbund Deutsche Kriegsgräberfürsorge e.V.

138

Dienstgrad	Name	Vorname	Geb.- Datum & Ort	Todes- Vermisstendatum & Ort	Grablage/Status
Unteroffizier	Arends	Habbo	24.12.1915	16.02.1944	Kriegsgräberstätte in Pomezia - ITA: Block E Grab 702
Soldat	Arends	Harm	08.09.1924 Osteel	23.01.1945 Dzieckowice	Myslowice Dzieckowice - PL
Gefreiter	Arjes	Gerhard	04.04.1925 Halbemond	24.05.1944 Rudnja	Wysokoje / Orscha - BLR
	Baier	Wilhelm	02.05.1926		Nicht geborgen
Kanonier	Barkhoff	Martin	25.03.1927	22.09.1944	Kriegsgräberstätte Ysselsteyn - NL
	Becker	Edelhard	05.04.1925	1944	Nicht geborgen
	Beninga	Theodor	09.05.1924 Osteel	23.01.1945 bei Allenstein	Roznowo - PL
Gefreiter	Betten	Folkert Gerdes	03.11.1921 Lütesburg	03.03.1942 im Feldlaz. 181 mot. Witebsk	Witebsk II - BLR
Stabsgefreiter	Betten	Gerd	11.11.1916	04.07.1944	La Cambe - FRA: Block 48 Grab 190
	Betten	Jann	15.10.1916	02.1945 Ostpreussen	vermisst
	Brauer	Klaas	30.03.1924	03.1943 Krassnoje Selo , Leningrad	vermisst
Obergefreiter	Brauer	Luitjen	18.12.1921 Osteel	11.11.1943 Barbowiki	Polozk - BLR
	Bruns	Abraham	13.09.1921		vermisst
Gefreiter	Bruns	Karl	05.11.1923 Osteel	01.04.1944 Maljajeschty, Ortslaz.	Nicht geborgen
Unteroffizier	Bruns	Menko	23.02.1914 Osteel	23.09.1947 in russ. Kgf.	Kriegsgräberstätte in Moskau Ljublino - RUS: Grab 283
Obergefreiter	Carls	Christian	12.03.1920 Osteel	17.03.1943 Mareth-Stellung	Kriegsgräberstätte in Bordj-Cedria - TUN: Hof DOU Ossario 3A Tafel 2
Schütze	Casjens	Albert	11.09.1921 Osteel	12.03.1942 Welish	Welish - RUS
	Casjen	Chr.		1942	Nicht geborgen
	Casjen	Habbo	06.04.1923	1944	Nicht geborgen
Gefreiter	Dasenbrock	Heinrich	10.12.1923 Damsum	22.05.1943 Pantschenko	Latonowo / Taganrog - RUS
Obergefreiter	Dehne	Georg	12.01.1921 Halbemond	12.03.1945 i. Raum Frauenburg Kurland	Kriegsgräberstätte in Saldus - LVA: Block S Reihe 10 Grab 408
	Dirks	Johann	27.10.1914		vermisst
Obergefreiter	Dirks	Jürgen	28.07.1911 Reitham	08.05.1944 nördl. Facuti , Rumänien	Tirgu Frumos - ROU
Obergefreiter	Eden	Karl	10.06.1916 Osteel	21.08.1941 Kivilow	Kriegsgräberstätte in Reval-Marienberg / Tallinn - EST

Obergefreiter	Eden	Lüttmer Ewald	07.12.1919 Osteel	19.09.1945 in der Kgf. in Kameschkowo Bei Wladimir	Kameschkowo - RUS
	Edenhuizen	G.	09.07.1917	1944	Nicht geborgen
Obergefreiter	Edenhuizen	Theodor	02.02.1921 Osteel	05.09.1943	Vermtl. als unbekannter Soldat auf der Kriegsgräberstätte Charkow
	Everwien	Heinz-Karl	24.08.1927 Osteel	28.01.1945 Tychy	Nicht geborgen
Gefreiter	Everwien	Johann	29.01.1920 Osteel	05.02.1945 Pillau	wurde vermutlich als unbekannter Soldat auf der Kriegsgräberstätte Pillau / Baltijsk überführt
Oberschütze	Ewen	Meint	28.07.1920 Osteel	21.11.1941 vor Tobruk	Kriegsgräberstätte in Tobruk - LBY
	Fröhling	Georg	30.06.1911	1944	Nicht geborgen
	Fröhling	Hinrich	27.05.1912	1945	Nicht geborgen
	Gerdes	Leopold	26.08.1901	1942	Nicht geborgen
Obergefreiter	Gerdsen	Gerhard	18.08.1906 Osteel	21.03.1945 bei Tukum, Lettland	Vermutl. als unbekannter Soldat auf der Kriegsgräberstätte Saldus - LVA
Schütze	Goldenstein	Jakob	26.03.1919 Süd.Neuland	07.07.1942 Krgslaz.4, 610 Simferopol	Vermutl. als unbekannter Soldat auf der Kriegsgräberstätte Sewastopol – Gontscharnoje - UKR
	Grensemann	G.	20.11.1917	1945	Nicht geborgen
	Grensemann	J.	13.01.1924		vermisst
	Grensemann	J.	18.12.1897	1944	Nicht geborgen
	Grondewold	H.	11.06.1912	1945	Nicht geborgen
Oberfunk-meister	Habben	Johann	30.01.1917 Wiesedermoor	09.09.1944 Sanko 2, 252 Ortslaz. Suntazi Zg.I.Kp.132	Kriegsgräberstätte in Riga Beberbeki - LVA: Block 1 Reihe 25 Grab 452
	Habben	Siebo	18.05.1926	08.1944 Warschau , Narew Brückenkopf	vermisst
Gefreiter	Haddenga	Ede	04.02.1912 Osteel	21.08.1942 Ssawino	Sawino / Newel - RUS
	Hanning	Erhard	08.01.1925	1944	Nicht geborgen
	Hanpel	Hans	08.03.1922		vermisst
Obergefreiter	Harms	Heinrich	20.09.1915 Osteel	19.09.1941 Bukarest Lw. Laz.	Kriegsgräberstätte in Bukarest - ROU: Block G Reihe 8 Grab 39
	Harms	Ricklef	06.03.1889	1945	Nicht geborgen

140

	Harms	Ricklef	26.03.1925	1944	Nicht geborgen
	Helmers	Wilhelm	14.07.1915		vermisst
	Heyen	Harm	30.08.1903	01.1944 Newel 100 km nördlich Witebsk	vermisst
	Heyen	Meinhard	27.11.1923	1945	
Grenadier	Hinrichs	Adolf	09.05.1913 Osteel	14.12.1943 Nowyj, ca.12km südl. Shlobin	Kriegsgräberstätte in Schatkowo - BLR: Block 3 Reihe 11 Grab 303
Obergefreiter	Hinrichs	Heiko	03.01.1919 Osteel	17.12.1942 Welikye Luki	Welikije Luki - RUS
	Hoffmann	Hinrich	26.02.1919 Osteel	07.1944	vermisst
	Hoffmann	L.	03.05.1927		vermisst
Obergefreiter	Hülsebus	Albert	27.11.1908 Osteel	19.10.1944 Parihuzovce	Nicht geborgen
	Ippen	Hermann	27.01.1909	1943	Nicht geborgen
	Itzenga	Dirk	15.02.1926	1945	Nicht geborgen
	Itzenga	Jürgen	29.01.1914	1942	Nicht geborgen
	Jansen	Alfred	24.10.1909	1944	Nicht geborgen
Obergefreiter	Jansen	Peter	15.01.1913 Osteel	09.02.1945	Kriegsgräberstätte in Andernach – DE: Friedhof 39/45: Reihe 3re Grab 14
Gefreiter	Janssen	Anton	19.06.1916 Osteel	03.01.1942 Bachtschissaraj, Krim	Vermtl. als unbekannter Soldat auf der Kriegsgräberstätte Sewastopol - Gontscharnoje - UKR
Gefreiter	Janssen	Antoni	20.06.1921 Leezdorf	17.02.1942 SS.Laz. Welisch	Welish - RUS
	Janssen	Hinrich	04.12.1919	1942	Nicht geborgen
Gefreiter	Janssen	Reinhard	31.10.1926 Osteel	13.07.1944 ndl. St. Jean d. Baisants	Kriegsgräberstätte in Marigny - FRA: Block 4 Reihe 14 Grab 533
	Kahle	Wolfgang	21.09.1914	1944	
Gefreiter	Klaassen	Cornelius	14.04.1911 Osteel	09.05.1942 Cholm	Vermtl. als unbekannter Soldat auf der Kriegsgräberstätte Korpowo - RUS
	Klaassen	Jann		1945	Nicht geborgen
	Klaassen	Johann	08.06.1918	01.1943 Stadt Stalingrad	vermisst
	Klaassen	Onno	01.06.1908	02.1944 Estland	vermisst
Gefreiter	Kurth	Hermann	15.10.1923 Altheide	12.12.1943 Molodusch, Rela. i. Brest-Litowsk	Brest - BLR

141

	Lücht	Hermann	19.04.1912	07.1944 Litauen	vermisst
Unteroffizier	Lücken	Alfred	18.09.1917 Osteel	01.11.1944 Sanko 2, 30	Kriegsgräberstätte in Saldus - LVA: Block T Reihe 11 Grab 467
Obergefreiter	Lüpkes	Gerhard	11.06.1903 Osteel	19.04.1945 Pillau	Baltijsk - RUS
Soldat	Major	Otto	04.02.1918 Osteel	09.05.1942 Waldgel. 25 km südwestl. Tschudowo	Kriegsgräberstätte in Nowgorod - RUS: Block 10 Reihe 22 Grab 1049
Maat	Mark	Heinz	11.01.1923	03.04.1945	Nicht geborgen
Leutnant	Mark	Helmut	25.10.1921	17.09.1944	Kriegsgräberstätte in Andilly - FRA: Block 25 Reihe 12 Grab 860
	Mehmen	Georg	21.01.1922	11.1942 Wjelikije Luki Raum	vermisst
	Meints	Harm	13.03.1913		vermisst
	Meyer	Joh.	15.01.1917		vermisst
	Meyer	Johann	19.06.1923	03.1945 Kurland	vermisst
	Müller	Ewald	30.07.1910	1945	Nicht geborgen
Kanonier	Müller	Jakobus	28.06.1921 Norden	18.10.1944 Mazedonien	Nicht geborgen
Grenadier	Müller	Karl	27.12.1925 Norden	06.06.1944 Res.- Laz. I , Litzmannstadt	Lodz Doly - PL
Unteroffizier	Müller	Weert	11.03.1919 Osteel	24.02.1945	Kriegsgräberstätte in Berlin Neuköln Lilienthalstraße - DE: Feld M Reihe 2 Grab 1
Reiter	Müller	Wiard	09.12.1925 Osteel	27.07.1944 i. Res.Laz. Gnesen	Gniezno - Polen
Stabsgefreiter	Oncken	Gosselke	10.12.1905 Osteel	05.11.1944 Raon l'Etape, Département Vosges	Kriegsgräberstätte in Andilly - FRA: Block 37 Reihe 9 Grab 422
Unteroffizier	Onken	Siegfried	29.01.1912 Osteel	05.06.1945	Salzwedel St. Marien - DE: Block A Reihe 9 Grab 11
	Peters	Jann	19.07.1914	1941	Nicht geborgen
	Poppinga	Folkert	07.08.1915	12.1942 Gebiet Stalingrad	vermisst
Schütze	Reemts	Tjade	04.02.1923 Osteel	29.12.1942 Wyasowka	Bol. Sasowo - RUS
Schütze	Regemann	Hermann	22.02.1908 Osteel	03.10.1941 Leonidowo	Nicht geborgen
	Remmers	J.	23.09.1914		vermisst
Gefreiter	Riefken	Abraham	22.06.1912 22.07.1912 Osteel	08.10.1943 Wermachtsstellung, Nordfinnland.	Kriegsgräberstätte in Salla - FIN
	Rohlfs	Siebo	17.04.1925	1945	Nicht geborgen

	Roolfs	Jann	04.11.1926	1944	Nicht geborgen
	Rüter	Folkert	21.05.1914	1941	Nicht geborgen
Obergefreiter	Rüter	Lambertus	25.02.1912 Landbauer-schaft	26.02.1945 südl. Krote	in Saldus - LVA: Block Q Reihe 4 Grab 104
	Schönian	Egon	29.03.1909	01.1944 Konski Galizien	vermisst
	Schwarzer	E.	06.09.1918	1944	Nicht geborgen
	Schwitters	A.	17.02.1918	1945	Nicht geborgen
	Schwitters	W.	29.10.1914	1945	Nicht geborgen
Obergefreiter	Seeba	Johann	25.03.1904	07.04.1945	Kriegsgräberstätte in Heidelberg- DE: Friedhof 1939/45: Block A Grab 412
	Seeba	Martin	04.08.	1940	Nicht geborgen
	Seeberg	Jann	24.05.1922		vermisst
	Teelmann	Wiard Kampes	05.01.1910	07.1944 Konski Galizien	vermisst
Oberschütze	Thesinga	Anton	26.06.1913 26.07.1913 Rechtsupweg	06.11.1943 Poschenki bei Newel	Poschenki - BLR
	Thiele	Gerhard	15.06.1912	01.1943 Stadt Stalingrad	vermisst
	Uden	Gerd	13.12.1920	1944	Nicht geborgen
	Uphoff	Herm.	10.08.1919	1945	Nicht geborgen
	Uphoff	Hermann	30.10.1926	01.1945 Kurland	vermisst
Schütze	Uphoff	Johannes	26.06.1920 Osteel	15.08.1943 Krgs.- Laz. 2, 610 mot. Krasnograd , UKR	Nicht geborgen
Obergefreiter	Vienna	Weeto	01.09.1908 Westerende	28.12.1944 Bungali	Nicht geborgen
	Voss	Alfred	01.04.1906		vermisst
	Wallis	Dirk	16.09.1913		vermisst
	Weets	Peter	22.03.1925		vermisst
Obergefreiter	Weinberg	Hinrich	16.12.1916 Halbemond	29.12.1944 bei Kraucas nördl. Doblen , Kurland	Vermtl. Als unbekannter Soldat auf der Kriegsgräberstätte Saldus - LVA
	Wienekamp	Eilt	19.02.1909	02.1945 Tucheler Heide	vermisst
	Wübbens	Klaas	15.10.1918	1945	Nicht geborgen

„Die Toten sterben, wenn sie vergessen werden, ein zweites Mal"

Peter Struck (1943 – 2012) Volkstrauertag 13.11.2005

143

8. Anlagen

8.1 Original Unfallfragebögen der B-17 Besatzung

Der Vollständigkeit halber sind nachfolgend die Fragebögen, die sich im *Missing Air Crew Report* der abgestürzten Maschine befinden, über die Besatzung zu lesen. Befragt wurden drei Besatzungsmitglieder, der Co-Pilot *1ˢᵗ Lt. Richard N. Steele*, der Navigator *1ˢᵗ Lt. Herbert Snelgrove* und der Dachturmschütze *S/Sgt. Robert N. Queener*. Die drei Soldaten haben zuerst Angaben zum Absturzhergang allgemein getätigt und anschließend weitere Angaben zu ihrem Verhalten und Verbleib sowie zum Verbleib der anderen Besatzungsmitglieder gemacht (Bezeichnung: *Unfallfragebogen*). Anschließend wurden die Soldaten zum Verbleib der beiden toten Besatzungsmitglieder befragt, in diesem Falle füllte jeder jeweils einen Fragebogen im Bezug auf den *Sgt. Clyde Holder* und einen im Bezug auf den *S/Sgt. Robert E. Jones* aus (Bezeichnung: *Individueller Unfallfragebogen*).[282]

Die Fragebögen sind 1:1 aus der englischen in die deutsche Sprache übersetzt und sollen praktisch einen Eindruck aus 1. Hand über den Absturzhergang vermitteln. Teilweise unterscheiden sich die Angaben der Befragten auch im Detail, dies ist unter Anderem dem individuellen Erleben/Auffassen des Absturzes durch jedes einzelne Besatzungsmitgliedes zu schulden. Außerdem kann es vorkommen, dass einige Angaben oder Antworten nicht sinngemäß oder richtig erscheinen, diese wurden jedoch exakt so durch die Besatzungsmitglieder als Befragte handschriftlich zu Papier gebracht.

Auf der nächsten Seite befindet sich der Fragebogen des Navigators *Lt. Herbert Snelgrove*, als Beispieldarstellung für einen Unfallfragebogen eines MACR der USAAF. Die oben genannten übersetzten Unfallfragebögen befinden sich auf den darauf folgenden Seiten.

AFPPA-12

CASUALTY QUESTIONNAIRE

1. Your name *Herbert Snelgrove* Rank *1st Lt.* Serial No. *O-752511*

2. Organization *390th BG* Gp Commander *Whitten?* Rank *Lt.* Sqn CO *Goode* Rank *Maj.*
   (full name)   (full name)

3. What year *1943* month *Dec.* day *11th* did you go down?

4. What was the mission, *Emden*, target, *Shipyards*, target
   time, *1220*, altitude, *23000* route scheduled, *North*
   Sea, route flown *Same*

5. Where were you when you left formation? *Near the P.I. (Norden) (Germany?)*

6. Did you bail out? *Yes*

7. Did other members of crew bail out? *Yes*

8. Tell all you know about when, where, how each person in your aircraft for whom no
   individual questionnaire is attached bailed out. A crew list is attached. Please
   give facts. If you don't know, say: "No Knowledge". *Co-pilot, bombardier,*
   Engineer, myself, and Pilot left through nose hatch
   when it was evident that we must abandon plane.
   Ball turret, right waist, and radio operator left through
   waist door. Pilot was last to leave; Communication system gone.

9. Where did your aircraft strike the ground? *Near the town of (Norden?)*
   It was carrying full bombload, it exploded on contact.

10. What members of your crew were in the aircraft when it struck the ground? (Should
    cross check with 8 above and individual questionnaires) *S/Sgt. Janes and*
    Sgt. Holder, tail gunner, and left waist gunner
    respectively.

11. Where were they in aircraft: *S/Sgt. Janes in tail section and Sgt. Holder in waist*

12. What was their condition? *Both were presumed to be dead when*
    we abandoned plane

13. When, where, and in what condition did you last see any members not already des-
    cribed above? _____

    _____

    _____

    _____

14. Please give any similar information on personnel of any other crew of which you
    have knowledge. Indicate source of information. _____

    _____

    _____

    _____

(Any additional information may be written on the back)

6-3862,AF

Abb. 69 Original Unfallfragebogen ausgefüllt vom Navigator Lt. Herbert Snelgrove

145

Unfallfragebogen Nr. 1[283]
(Co-Pilot) *Lt Richard N. Steele*

1. **Ihr Name:** *Richard N. Steel* **Rang:** *1st Lt.* **Ordnungsnummer:** *0-687087*

2. **Einheit:** *390th BG* **Kommandeur:** *Witten* **Rang:** *Col* **GeschwKdr:** *Goode, Major*

3. **In welchem Jahr:** *1943* **Monat:** *Dezember* **Tag:** *11.* **sind Sie abgestürzt?**

4. **Das Missionsziel war:** *Emden* **Ziel:** *U-Boot-Fabrik* **Zielzeit:** *12:10 Uhr*

   Höhe: *24500ft* **geplante Route:** *Nordsee* **geflogene Route:** *die Selbe*

5. **Wo waren Sie, als Sie die Formation verlassen haben:** *Über Zielgebiet*

6. **Sind sie herausgekommen?** *Ja, S/Sgt. Robert Queener warf mich raus*

7. **Sind andere Crewmitglieder herausgekommen?** *Ja*

8. **Erzählen Sie uns, wann, wo und wie die anderen Personen aus dem Flugzeug gekommen sind, für die kein individueller Fragebogen beigefügt ist. Eine Crewliste ist beigefügt. Bitte geben Sie Fakten an, wenn Sie es nicht wissen, schreiben Sie: „Keine Kenntnis":**
   Pilot, Co-Pilot, Navigator, Bombenschütze, Funker, Turmschütze, Kugelturmschütze und rechter Seitenschütze

9. **Wo ist ihr Flugzeug abgestürzt?** *Ja*

10. **Welche Crewmitglieder haben sich in dem Flugzeug befunden, als es den Boden berührte? (sollte mit den Angaben bei Punkt 8 übereinstimmen)**
    Sgt. Clyde Holder, linker Seitenschütze und S/Sgt. Robert E. Jones, Heckschütze

11. **Wo haben diese sich im Flugzeug befunden:** *Sgt. Holder in der Mitte*

12. **Wie war deren Zustand?** *Tot*

13. **Wann, Wo und in welchem Zustand haben Sie das letzte Mal andere Crewmitglieder getroffen, die noch nicht oben beschrieben worden sind?**
    Sgt. Woodman und Lt. Herb Snelgrove, Navigator

Unfallfragebogen Nr. 2[284]
(Navigator) *Lt Herbert Snelgrove*

1. **Ihr Name:** *Herbert Snelgrove* **Rang:** *1st Lt.* **Ordnungsnummer:** *0-752511*

2. **Einheit:** *390th BG* **Kommandeur:** *Whitten* **Rang:** / **GeschwKdr:** *Goode, Major*

3. **In welchem Jahr:** *1943* **Monat:** *Dezember* **Tag:** *11.* **sind Sie abgestürzt?**

4. **Das Missionsziel war:** *Emden* **Ziel:** *Werften* **Zielzeit:** *12:20 Uhr*

   Höhe: *23000ft* **geplante Route:** *Nordsee* **geflogene Route:** *die Selbe*

5. **Wo waren Sie, als Sie die Formation verlassen haben:** *In der Nähe des P.I. (Norden, Deutschland?)*

6. **Sind sie herausgekommen?** *Ja*

7. **Sind andere Crewmitglieder herausgekommen?** *Ja*

8. **Erzählen Sie uns, wann, wo und wie die anderen Personen aus dem Flugzeug gekommen sind, für die kein individueller Fragebogen beigefügt ist. Eine Crewliste ist beigefügt. Bitte geben Sie Fakten an, wenn Sie es nicht wissen, schreiben Sie: „Keine Kenntnis":**
   Co-Pilot, Bombenschütze, Techniker, ich selbst und der Pilot verließen das Flugzeug durch die Nasenluke, als es sicher war, dass wir das Flugzeug verlassen müssen. Kugelturmschütze, rechter Seitenschütze und Funker verließen das Flugzeug durch die Mitteltür, der Pilot war der letzte, der es verließ; Kommunikationssystem ist ausgefallen.

9. **Wo ist ihr Flugzeug abgestürzt?** *In der Nähe der Stadt (Norden?), es transportierte die ganze Bombenlast und explodierte, als es den Boden berührte.*

10. **Welche Crewmitglieder haben sich in dem Flugzeug befunden, als es den Boden berührte? (sollte mit den Angaben bei Punkt 8 übereinstimmen)**
    S/Stg. Jones und Sgt. Holder, beziehungsweise Heckschütze und linker Seitenschütze

11. **Wo haben diese sich im Flugzeug befunden:** *S/Sgt. Jones im Heckbereich und Sgt. Holder im Mittelteil*

12. **Wie war deren Zustand?** *Beide waren vermutlich tot, als wir das Flugzeug verließen*

Unfallfragebogen Nr. 3[285]
(Dachturmschütze) *T/Sgt. Robert N. Queener*

1. Ihr Name: *Robert Queener* **Rang:** *T/Sgt.* **Ordnungsnummer:** *39320594*

2. Einheit: *390th BG* **Kommandeur:** *Witten* **Rang:** *Col* **GeschwKdr:** *Good, Major*

3. In welchem Jahr: *1943* **Monat:** *Dezember* **Tag:** *11.* **sind Sie abgestürzt?**

4. Das Missionsziel war: *Emden* **Ziel:** *Werften* **Zielzeit:** *Absprung 12:45 Uhr*

Höhe: *22000ft* **geplante Route:** *?* **geflogene Route:** *?*

5. Wo waren Sie als Sie die Formation verlassen haben: *Beim Einflug über den ostfriesischen Inseln*

6. Sind sie herausgekommen? *Ja*

7. Sind andere Crewmitglieder herausgekommen? *Ja*

8. Erzählen Sie uns, wann, wo und wie die anderen Personen aus dem Flugzeug gekommen sind, für die kein individueller Fragebogen beigefügt ist. Eine Crewliste ist beigefügt. Bitte geben Sie Fakten an, wenn Sie es nicht wissen, schreiben Sie: „Keine Kenntnis":
Als erstes sprang Lt. Steele raus, dann Lt. Tutino, als drittes sprang 2nd Lt. Snelgrove und ich als viertes. Wir waren alle im Tunnel (ca. Mitte des Flugzeuges) und halfen Lt. Steele raus, er war schwer verletzt. Über die Anderen weiß ich nichts.

9. Wo ist ihr Flugzeug abgestürzt? *Irgendwo in der Nähe von Emden*

10. Welche Crewmitglieder haben sich in dem Flugzeug befunden, als es den Boden berührte? (sollte mit den Angaben bei Punkt 8 übereinstimmen)
Ich glaube Jones und Holder waren im Flugzeug

11. Wo haben diese sich im Flugzeug befunden: *Ich glaube*

12. Wie war deren Zustand? *Wahrscheinlich tot*

13. Wann, Wo und in welchem Zustand haben Sie das letzte Mal andere Crewmitglieder getroffen, die noch nicht oben beschrieben worden sind?
Lt. Lashly, Sgt. Teaman, Sgt. Woodman und Sgt. Russell im DuLag Luft als Gefangene. Lt. Lashly ist verwunden wurden, die Anderen vielleicht auch, aber ich bin mir nicht sicher. Alle wurden befreit und sind wieder unter U.S. – Kontrolle.

Individueller Unfallfragebogen Nr. 1[286]

<u>Fragebogen ausgefüllt von:</u> *2nd Lt. Richard N. Steele* (Co-Pilot)
<u>Todesopfer:</u> *Sgt. Clyde Holder* (Linker Seitenschütze)

Ist er herausgekommen? *Nein* **Wenn nicht, warum nicht?** *Wurde im Flugzeug getötet*

Letzter Kontakt oder letztes Gespräch vor oder während des Flugzeugverlustes:
Routine Sauerstoffkontrolle ca. 10min vor erreichen des Zielgebietes

War er verletzt? *Ja, verwundet im Bein*

Wo wurde er zuletzt gesehen? *Im Flugzeug*

Andere Informationen durch Hörensagen:
Sgt. Clyde Holder war am Bein verwundet und wurde später, durch das Feuer angreifender Jagdflugzeuge, von einer 22mm in die Brust getroffen. Zuletzt von S/Sgt. Forrest Woodman (Funker) gesehen, bevor dieser aus dem Flugzeug sprang.

Quelle: *S/Sgt. Forrest Woodman*

Erklärungen zu seinem Schicksal, die in Teilen oder ganz auf Vermutung basieren:
Siehe oben

Gesamtzahl der Einsätze des oben genannten Besatzungsmitgliedes:
Getötet während der ersten Mission

Daten und Orte, wenn möglich: *11. Dezember 1943, Emden Deutschland*

Individueller Unfallfragebogen Nr. 1.1[287]

Fragebogen ausgefüllt von: *2nd Lt. Richard N. Steele* (Co-Pilot)
Todesopfer: *S/Sgt. Robert E. Jones* (Heckschütze)

Ist er herausgekommen? *Wahrscheinlich durch die Explosion getötet worden*

Wo? *Im Heckstand, Emden, Deutschland* **Wenn nicht, warum nicht?** *Siehe Nummer 1*

Letzter Kontakt oder letztes Gespräch vor oder während des Flugzeugverlustes:
Der letzte Kontakt war während eines Routine-Sauerstoff-Checks ca. 10min vor dem Zielgebiet

War er verletzt? *Weiß ich nicht, wahrscheinlich nicht*

Wo wurde er zuletzt gesehen? *Im Heckstand, unmittelbar vor der Explosion*

Andere Informationen durch Hörensagen: *Alles war in Ordnung bis der Heckstand getroffen wurde. Nach der Explosion des Heckstandes waren keine Spuren mehr von S/Sgt. Robert E. Jones. Vielleicht wurde er durch die Wucht der Explosion ins sitzen gedrückt.*

Quelle: *S/Sgt. Forrest Woodman (Funker) und S/Sgt. Steve Russell (rechter Seitenschütze)*

Erklärungen zu seinem Schicksal, die in Teilen oder ganz auf Vermutung basieren:
keine weiteren Erklärungen

Gesamtzahl der Einsätze des oben genannten Besatzungsmitgliedes:
Getötet während der ersten Mission

Daten und Orte, wenn möglich: *11. Dezember 1943, Emden Deutschland*

Individueller Unfallfragebogen Nr. 2[288]

<u>Fragebogen ausgefüllt von:</u> *2ⁿᵈ Lt Herbert Snelgrove* (Navigator)
<u>Todesopfer:</u> *Sgt. Clyde Holder* (Linker Seitenschütze)

Ist er herausgekommen? *Nein* **Wenn nicht, warum nicht?** *Wurde in der Luft getötet*

Letzter Kontakt oder letztes Gespräch vor oder während des Flugzeugverlustes:
Ich rief den Seitenschützen zu, um sie vor einem bevorstehenden Jägerangriff zu warnen und bekam von beiden Antworten.

War er verletzt? *Erst wurde er am Bein durch 20mm verwundet und danach, als der rechte Seitenschütze, der Kugelturmschütze und der Funker versuchten ihm zu helfen, wurde er durch eine 20mm in die Brust getötet.*

Wo wurde er zuletzt gesehen? *Er lag in der Mitte des Flugzeuges*

Andere Informationen durch Hörensagen:
Ein deutscher Integrationsbeauftragter gab bekannt, dass sein Körper geborgen werden konnte und dieser durch den Piloten identifiziert werden sollte. Wir glauben er lag falsch oder hat gelogen, weil die Bombenladung nicht mehr abgeworfen werden konnte, als das Flugzeug auf dem Boden aufkam. Es explodierte und zerstörte zwei Gebäude!

Quelle: *1ˢᵗ Lt John H. Lashly*

Erklärungen zu seinem Schicksal, die in Teilen oder ganz auf Vermutung basieren:
Meine Vermutung, das Sgt. Holder bereits tot war als wir aus dem Flugzeug sprangen, basiert völlig auf den Aussagen die der rechte Seitenschütze, der Kugelturmschütze und der Funker gemacht haben. Die haben versucht ihn aus dem Flugzeug zu bekommen, als er von der 20mm in die Brust getroffen wurden.

Gesamtzahl der Einsätze des oben genannten Besatzungsmitgliedes: *Die Erste*

Daten und Orte, wenn möglich: *11. Dezember 1943, Emden*

Individueller Unfallfragebogen Nr. 2.2[289]

Fragebogen ausgefüllt von: *2nd Lt Herbert Snelgrove* (Navigator)
Todesopfer: *S/Sgt. Robert E. Jones* (Heckschütze)

Ist er herausgekommen? *Nein* **Wenn nicht, warum nicht?** *Wurde in der Luft getötet*

Letzter Kontakt oder letztes Gespräch vor oder während des Flugzeugverlustes:
Ich hatte keinen Kontakt mit dem Heckschützen

War er verletzt? *Durch einen Flaktreffer im Heckbereich wurde er sofort getötet*

Wo wurde er zuletzt gesehen? *Er lag im Heckbereich*

Andere Informationen durch Hörensagen:
Der Pilot hat erzählt, dass er im DuLag Luft (Durchgangslager Luftwaffe) in Frankfurt a. M. von einem deutschen Integrationsbeauftragten gefragt worden ist, ob er den geborgenen Körper von Jones identifizieren kann. Wir glauben, dass der Integrationsbeauftragte falsch lag oder gelogen hat. Als das Flugzeug abstürzte hatte es 2 tons (ca. 1,8 Tonnen) hoch explosive Ladung an Bord.

Quelle: *1st Lt John H. Lashly*

Erklärungen zu seinem Schicksal, die in Teilen oder ganz auf Vermutung basieren:
Meine Vermutung, das Sgt. Jones bereits tot war als wir aus dem Flugzeug sprangen, basiert völlig auf den Aussagen die der rechte Seitenschütze, der Kugelturmschütze und der Funker gemacht haben. Ich weiß es allerdings auch nicht, wir wurden im Heck von Flak getroffen und er muss getötet oder schwer verwundet worden sein.

Gesamtzahl der Einsätze des oben genannten Besatzungsmitgliedes: *Die erste*

Daten und Orte, wenn möglich: *11. Dezember 1943, Emden*

Individidueller Unfallfragebogen Nr. 3[290]

<u>Fragebogen ausgefüllt von:</u> *S/Sgt. Robert N. Queener* (Dachturmschütze)
<u>Todesopfer:</u> *Sgt. Clyde Holder* (Linker Seitenschütze)

Ist er herausgekommen? *Ich glaube nicht* **Wenn nicht, warum nicht?** *Möglicherweise tot*

Letzter Kontakt oder letztes Gespräch vor oder während des Flugzeugverlustes: *Ich habe nur jemanden durch die Sprechanlage gehört. Er war schwer getroffen.*

War er verletzt? *Ich bin mir nicht sicher*

Wo wurde er zuletzt gesehen? *In der Mitte beim Funker und dem Heckschützen*

Andere Informationen durch Hörensagen:
S/Sgt. Woodman (Funker) hat mir einmal erzählt, dass Holder von einer 20mm getroffen wurde, kurz bevor sie springen wollten. Sein Fragebogen wird vielleicht mehr Informationen enthalten.

Quelle: *S/Sgt. Forrest Woodman, 14. Penerson St., Augusta, Maine*

Gesamtzahl der Einsätze des oben genannten Besatzungsmitgliedes: *Seine erste*

Individueller Unfallfragebogen Nr. 3.3[291]

<u>Fragebogen ausgefüllt von:</u> *S/Sgt. Robert N. Queener* (Dachturmschütze)
<u>Todesopfer:</u> *S/Sgt. Robert E. Jones* (Heckschütze)

Ist er herausgekommen? *Ich glaube nicht*

Wenn nicht, warum nicht? *Ich glaube er wurde an seiner Schützen-Position getötet*

Letzter Kontakt oder letztes Gespräch vor oder während des Flugzeugverlustes:
Ich habe nur jemanden über die Sprechanlage rufen hören, er war schwer getroffen

War er verletzt? *Ich bin mir nicht sicher*

Erklärungen zu seinem Schicksal, die in Teilen oder ganz auf Vermutung basieren:
Durch meine Position im Turm konnte ich sehen, dass die ganze Heckkonstruktion zerrissen war. Ich glaube, er wurde dort an seiner Schützen-Position getötet.

Gesamtzahl der Einsätze des oben genannten Besatzungsmitgliedes: *Seine erste*

*Abb.49 **Ein Besatzungsmitglied auf „Rose Marie"***

---

282 Vgl.: USAAF, MACR Nr. 1727, 14.12.1943, S.6-14, (Individual) Casualty Questionnaires A/C Crew

283 Vgl.: USAAF, MACR Nr. 1727, 14.12.1943, S.14, Cas. Quest. R. N. Steele

284 Vgl.: USAAF, MACR Nr. 1727, 14.12.1943, S.9, Cas. Quest. H. Snelgrove

285 Vgl.: USAAF, MACR Nr. 1727, 14.12.1943, S.8, Cas. Quest. R. N. Queener

286 Vgl.: USAAF, MACR Nr. 1727, 14.12.1943, S.13, In. Cas. Quest. C. Holder

287 Vgl.: USAAF, MACR Nr. 1727, 14.12.1943, S.12, In. Cas. Quest. R. E. Jones

288 Vgl.: USAAF, MACR Nr. 1727, 14.12.1943, S.11, In. Cas. Quest. C. Holder

289 Vgl.: USAAF, MACR Nr. 1727, 14.12.1943, S.10, In. Cas. Quest. R. E. Jones

290 Vgl.: USAAF, MACR Nr. 1727, 14.12.1943, S.7, In. Cas. Quest. C. Holder

291 Vgl.: USAAF, MACR Nr. 1727, 14.12.1943, S.6, In. Cas. Quest. R. E. Jones

8.2 Abkürzungsverzeichnis

A/C	Aircraft (Flugzeug)
AU	Aurich
ARLZ-Maßnahmen	Auflockerungs-, Räumungs-, Lähmungs- und Zerstörungsmaßnahmen
AusbLg.	Ausbildungslager
AZ	Arizona
BA	Bundesarchiv
Bd.	Band
BG	Bombardment group (Bombergruppe)
BLR	Weißrussland
Cas.	Casualty (Unfallopfer)
DAWA	Deutsches Atlantikwall Archiv
DD	Deutsche Dienstelle
DE	Deutschland
DuLag	Durchgangslager
EST	Estland
Feldlaz.	Feldlazarett
FIN	Finnland
Fla	Flugabwehr
FlaGruKdo	Flakgruppenkommando
FlaK	Flugabwehrkanone
FlaK-Rgt	Flakregiment
FRA	Frankreich
g.Kdos.	geheime Kommandosache
GQM	Generalquartiermeister
Gz.	Geschäftszeichen
HJ	Hitlerjugend

HKL	Hauptkampflinie
HPA	Heerespersonalamt
HZA	Hauptzollamt
ITA	Italien
Kgf.	Kriegsgefangener
Kp.	Kompanie
Krgs.-Laz.	Kriegslazarett
KStN	Kriegsstärkenachweisung
KTB	Kriegstagebuch
KZ	Konzentrationslager
Laz.	Lazarett
LBY	Libyen
LdW	Lexikon der Wehrmacht
LG	Lehrgeschwader
LK	Landkreis
LS	Luftschutz
Lt.	Leutnant (U.S.: Lieutenant)
LuSchPol.	Luftschutzpolizei
LVA	Lettland
Lw	Luftwaffe
MA	Militärarchiv
MACR	Missing Air Crew Report
M.Flak.A.	Marineflakabteilung
MarFlaRgt	Marineflugabwehrregiment
Mar.Inf.Div.	Marineinfanteriedivision
MG	Maschinengewehr
MOK	Marineoberkommando
mot.	motorisiert

NL	Niederlande
NLA	Niedersächsisches Landesarchiv
NJ	Nachtjagd
NJG	Nachtjagdgeschwader
NSDAP	Nationalsozialistische Deutsche Arbeiterpartei
OB	Oberbefehlshaber
OG	Ortsgruppe
OKW	Oberkommando der Wehrmacht
Op.Nr.	Operationsnummer
OT	Organisation Todt
PL	Polen
Qu.	Quelle
Quest.	Questionnaire (Fragebogen)
RAD	Reichsarbeitsdienst
RAF	Royal Air Force
Rep.	Repertorium
Res.Laz.	Reservelazarett
RM	Reichsmark
ROU	Rumänien
RUS	Russland
Ser.Nr.	Serialnummer
Sgt.	Sergeant
SHD	Sicherheits- und Hilfsdienst
Skl.	Seekriegsleitung
S/Sgt.	Staff Sergeant
StB.	Sterbebuch
T.	Truppen
T/Sgt.	Technical Sergeant

TUN	Tunesien
UKR	Ukraine
USAAF	United States Army Air Force
Vbd.	Verband/Verbände
WASt	Wehrmachtauskunftstelle
WFSt	Wehrmachtführungsstab
WH	Wehrmacht
W-SS	Waffen SS
ZZ.-Er.	Zeitzeugen-Erinnerungen
ZG	Zerstörergeschwader
Zg.	Zug

8.3 Ergänzung

Im Bezug auf den Absturz des deutschen Aufklärungsflugzeuges in Osteel am 16. September 1939 (s. S.67 *„Absturz eines deutschen Aufklärungsflugzeuges"*) existieren in verschiedenen Quellen unterschiedliche Angaben. In der Meldungs des Generalquartiermeisters der Luftwaffe, wird die Absturzmaschine und die Besatzung als zugehörig zur 4. Staffel der (Fern)Aufklärungsgruppe 122 erwähnt. In der schriftlichen Auskunft der Deutschen Dienststelle in Berlin vom 15.3.2016 (Gz.: IIB 415-677-610), die für die Benachrichtigung der nächsten Angehörigen von Gefallenen der ehemaligen deutschen Wehrmacht zuständig ist, wird Flugzeug und Besatzung ebenfalls der 4. Staffel zugeordnet. Im Sterbebuch der Osteeler Kirche hingegen ist eine Zuordnung der Besatzung zur 1. Staffel der Aufklärungsgruppe 122 zu finden. Unterschiede finden sich außerdem noch beim Nachnamen des Kommandanten, der in der Auskunft von der WASt *Erich Gerx*, und im Sterbebuch Osteel (NLA AU, Rep. 249 b, acc. 2010/75, Nr. 1953) *Erich Gerg* genannt wird. Beim Dienstgrad des Soldaten *Robert Kannegießer* gibt es ebenfalls Unterschiede. Im Sterbebuch ist der Dienstgrad *Obergefreiter* zu finden, in der Auskunft der WASt wird als letzter Dienstgrad *Unteroffizier* angegeben. Hierbei könnte es sich aber auch um eine Beförderung posthum handeln, was keine Seltenheit darstellte.

9. Quellenverzeichnis

9.1 Literaturverzeichnis

- Bekker, Cajus: *Angriffshöhe 400 – Die deutsche Luftwaffe im Zweiten Weltkrieg*, Wilhelm Heyne Verlag, München, 1972

- Bettinger, Dieter / Büren, Martin: *Der Westwall – Die Geschichte der Deutschen Westbefestigung*, Band 1, Biblio-Verlag, Osnabrück, 1990

- Buddrus, Michael: *Totale Erziehung für den totalen Krieg – Hitlerjugend und nationalsozialistische Jugendpolitik*, De Gruyter Saur Verlag, München, 2003

- Cartier, Raymond: *Der Zweite Weltkrieg*, Band 1 (*1939 – 1941*), Lingen-Verlag, Köln, 1967

- Donald, David: *The Encyclopedia of World Aircraft*, Prospero Books, Toronto, 1997

- Freeman, Roger A.: *Mighty Eight War Diary*, Jane´s Publishing Company Ltd., London, 1981

- Friese, Jürgen / Röben, Bernd: *Die Festung Norderney im Zweiten Weltkrieg – DAWA Sonderband 6*, Deutsches-Atlantikwall-Archiv, 2012

- Gremke, Waltraud: *Weg ohne Gnade*, Books on Demand, Norderstedt, 2012

- Heber, Thorsten: *Der Atlantikwall 1940 – 1945 – Der Atlantikwall in Deutschland, Dänemark, Norwegen, Kompendium Regelbauten, statistischer Anhang*, Band II, Books on Demand, Norderstedt, 2008

- Heiber, Helmut: *Goebbels Reden 1932 – 1945*, Gondrom Verlag, Bindlach, 1991

- Held, Werner / Nauroth, Holger: *Die deutsche Nachtjagd – Bildchronik der deutschen Nachtjäger bis 1945*, Motorbuch-Verlag, Stuttgart, 1995

- Hubatsch, Walther: *Hitlers Weisungen für die Kriegsführung 1939 - 1945*, Bernhard & Graefe Verlag für Wehrwesen, Frankfurt a. M., 1962

- Hummel, Karl-Heinz: *Die deutsche Flakartillerie 1935 – 1945 – Ihre Großverbände und Regimenter*, VDM Heinz Nickel Verlag, Zweibrücken, 2010

- Linhardt, Andreas: *Feuerwehren im Luftschutz 1926 – 1945- Die Umstrukturierung des öffentlichen Feuerlöschwesens in Deutschland unter Gesichtspunkten des zivilen Luftschutzes*, Books on Demand, Norderstedt, 2002

- Mammach, Klaus: *Der Volkssturm – Das letzte Aufgebot 1944/45*, Pahl-Rugenstein Verlag, Bonn, 1987

- McArthur, Charles W.: *Operation Analysis in the U.S. Army Eight Air Force in World War II*, Amercian Mathematical Soc., Providence / Rhode Island, 1990

- Michaelis, Herbert: *Der zweite Weltkrieg – Bilder, Daten, Dokumente*, Bertelsmann Verlag, Gütersloh, 1968

- Nassau, Rudolf: *Das Ende des Zweiten Weltkrieges in Aurich*, Heimatverein Aurich e.V., Aurich, 1999

- Nassau, Rudolf: *Besatzung Ostfriesland 1945 – 1949 – Neuanfang*, Eigenverlag, Aurich, 2005

- Neumann, Ernst: *Handbuch für den Flakartilleristen (Der Kanonier) – Waffen und Ausbildung der Flakbatterie – 8,8cm-Flak und 2cm-Flak*, Offene-Worte Verlag, Berlin, 1939

- Raveling, Jakob: *Osteel und Leezdorf – Einst und Jetzt*, Soltau-Kurier Verlag, Norden, 1987

- Schramm, Percey E.: *Kriegstagebuch des OKW – Eine Dokumentation*, Band 4 – Teilband 2 (*1944 – 1945*), Weltbild Verlag, Augsburg, 2002

- Seidler, Franz: *Deutscher Volkssturm – Das letzte Aufgebot 1944/1945*, Bechtermünz Verlag, Augsburg, 1999

- Tessin, Georg: *Verbände und Truppen der deutschen Wehrmacht und Waffen-SS im Zweiten Weltkrieg 1939 -1945- Landstreitkräfte, Namens-verbände, Luftstreitkräfte, Fliegende Verbände*, Band 14, Biblio-Verlag, Osnabrück, 1998

- Warnke, Fritz: *Der Brückenkopf Edewechterdamm – Die Kämpfe im Raum Edewecht April 1945*, Eigenverlag, Edewecht, 2000

9.2 Archivalien

9.2.1 Niedersächsisches Landesarchiv – Standort Aurich

- **NLA AU, Rep. 16/1, Nr. 337** (*Kriegssachschädenkartei für den Landkreis Norden*)

- **NLA AU, Rep. 16/1, Nr. 338** (*Kriegssachschädenkartei für den Landkreis Norden*)

- **NLA AU, Rep. 16/3, Nr. 2259** (*Die Beschäftigung von Kriegsgefangenen im Rahmen von Landeskulturarbeiten*)

- **NLA AU, Rep. 17/2, Nr. 987** (*Beseitigung von Munition und Sprengstoffen militärischer Herkunft*)

- **NLA AU, Rep. 20, Nr. 729** (*Luftschutzmaßnahmen im LK Aurich*)

- **NLA AU, Rep. 36, acc. 2004/058, Nr. 1836** (*Beschlagnahme von Grundstücken durch Teile der Wehrmacht*)

- **NLA AU, Rep. 36, acc. 2004/058, Nr. 1845** (*Nachweisung der festgestellten Entschädigung für Flurschäden infolge von Truppenübungen Nr. 1-20*)

- **NLA AU, Rep. 36, acc. 2004/058, Nr. 1846** (*Nachweisung der festgestellten Entschädigung für Flurschäden infolge von Truppenübungen Nr. 21-40*)

- **NLA AU, Rep. 36, acc. 2004/058, Nr. 1851** (*Notdienstverpflichtungen zum Feuerwehrdienst*)

- **NLA AU, Rep. 36, acc. 2004/058, Nr. 1853** (*Notdienstverpflichtungen von Luftwaffenhelfern und Marinehelfern*)

- **NLA AU, Rep. 36, Nr. 780** (*Schule zu Osteel*)

- **NLA AU, Rep. 249 b, acc. 2010/75, Nr. 1953** (*Sterberegister des Standesamts Osteel*)

9.2.2 Sonstige Archivalien

- Bundesarchiv Abt. Militärarchiv Freiburg: BA MA, RW4 / v.828, Chef WFSt./Op.Nr. 0011273/44 g.Kdos, v. 16.09.1944
- Imperial War Museum London: GER/MSC/MCR 18

9.3 Lokalmedien -literatur

- *„Fallschirme aus Terrorbombern schweben vom Himmel"*, Ostfriesischer Kurier, 13.12.1943
- *„Aus Stadt und Land – Glockenläuten bei Fliegeralarm"*, Ostfriesischer Kurier, 09.04.1943
- Janßen, Dietrich: *Auszüge aus dem KTB des Emder Flaksoldaten Alfred Lehman, KTB HZA Emden und KTB LuSchPol.* Emden, Bunkermuseum Emden e.v., 1995
- Janßen, Dietrich: *Marine-Flak-Abteilung 236 Emden*, Bunkermuseum Emden e.v., 2001
- Janßen, Dietrich: *Wachbuch der Ortsgruppe Ratsdelft, Hindenburgstraße 33*, Bunkermuseum Emden e.v., 2004
- Janßen, Dietrich: *Die LS-Maßnahmen und der Bunkerbau in Emden*, Bunkermuseum Emden e.v., 2005
- Janßen, Dietrich: *Die Tobrukstände der Stadt Emden – Kleinstkampfanlagen im Bereich des Verteidigungsabschnittes Emden 1944/1944*, Bunkermuseum Emden e.v., 2007
- Müller, Norbert: *Chronik der „Freiwilligen Feuerwehr Osteel" zum 75-jährigen Jubiläum 2010*, Osteel, 2010
- Seidel, Peter: *Ortschronik Osteel*, Ostfriesische Landschaft Aurich
- *Ostfreesland – 1941, Kalender für Jedermann*, Heinrich Soltau Verlag, Norden, 1941

9.4 Internet

- Altenburger, Andreas: *Lexikon der Wehrmacht* unter: www.lexikon-der-wehrmacht.de (Stand 20.02.2016)
- Holm, Michael: *Küstenfliegergruppe 106* unter: http://www.ww2.dk/air/seefl/kflgr106.htm (Stand 04.06.2016)
- Janßen, Dietrich / Bunkermuseum Emden e.v.: *Bombenabwürfe für das Jahr 1939* unter: http://www.bunkermuseum.de/angriffe_emden/bomben_benachbarte_bereiche/bereiche_1939.htm (Stand 22.02.2016)
- Skarus, Peter: *Systeme der Fla und Flak bis 1945 – 8,8cm Flak Geschütz* unter: http://peters-ada.de/systeme.htm#8,8 (Stand 11.04.2016)
- Stegemann, Wolf: *Metallspende des deutschen Volkes. Wer sich privat am Metall bereicherte, wurde mit dem Tode bestraft. Kircheglocken von St. Jakob blieben der Stadt erhalten* unter: http://www.rothenburg-unterm-hakenkreuz.de/metallspende-des-deutschen-volkes-wer-sich-privat-am-metall-bereicherte-wurde-mit-dem-tode-bestraft-kirchenglocken-von-st-jakob-blieben-der-stadt-erhalten/ (Stand 05.06.2016)
- Verein Wider das Vergessen und gegen Rassismus e.V. Marpingen: *Zwangsarbeiter(innen) und Kriegsgefangene* unter: http://www.widerdas vergessen.de/index.php/marpingen/zwangsarbeiterinnen-und-kriegsge fangene (Stand 19.05.2016)

9.5 Karten/Luftbilder

- Luftflotten-Kommando Reich: *Bodenorganisation Großraum Nachtjagd / Luftflotte Reich*, 1:2000.000, August 1944
- Survey Production Centre: Messtischblatt Nr. 2409, *Norden – Germany*, 1:25.000, Edition 4, 1954, von Ritz, Michael unter http://www.land kartenarchiv.de /tk25.php?q= GermanyMaps_516_high (abgerufen 15.06.20 16)
- Luftbild RAF: *Flugnummer HNA-032, Bildnummer 263*, 05.06.1940

164

9.6 Sonstige Quellen

- KTB *Seekriegsleitung A*, Bd.65
- KTB Kommandant: *6. MarFlaRgt, FlaGruKdo „Emden"*
- Reichsluftschutzbund e.v.: *Richtlinien für die Durchführung der Verdunkelung*, Berlin, 1936
- KStN (Lw) Flak Batterie
- Nassau, Rudolf: *Das Kriegsende in Ostfriesland*, Protokoll des Treffens am 13.05.2005 im alten Lesesaal der Landschaftsbibliothek Aurich
- Deutsche Dienstelle Berlin (WASt): Schreiben bzgl. Personenrecherche Flugzeugabsturz vom 15.03.2016 (Gz.: IIB 415-677-610)
- USAAF MACR: Nr. 1726 und 1727
- British Air Ministry: *Area Bombing Directive* (General Directive No.5 (S.46368/111.D.C.A.S) from 14th February 1942
- Dokumente (*"Crew 10 list", "List of mission flown"*) zu USAAF Bomber Boeing B-17F (Ser.Nr.: 42-30411) von *Senior Research Specialist William Powers*, The Moller Library at the 390th Memorial Museum, Tucson / Arizona, U.S.A (erhalten 19.02.2016)

9.6.1 Zeitzeugen-Interviews

- Abegg, Erich (2016), Osteel, Interviews im Oktober 2015 und März 2016
- Bogena, Heyo (2016), Osteel, Interviews in Marienhafe im Dezember 2015, Januar und März 2016
- Ebert, Wolfgang (2016), Dortmund, Telefongespräche im März und Mai 2016
- Gerdsen, Hans (2015), Osteel, Interview im November 2015
- Jannßen, Enno (2016), Osteel, Telefongespräch im Januar 2016
- Stein, Laura (2015), Leezdorf, Interview im Dezember 2015
- Weingarten, Popaeus (2015), Großheide, Interview im Dezember 2015
- Wallis, Wilhelm (2016), Leezdorf, Telefongespräch im Februar 2016

9.7 Abbildungsverzeichnis

- **Abb. 1, 2:** *Ostfreesland – 1941, Kalender für Jedermann*, Heinrich Soltau Verlag, Norden, 1941

- **Abb. 3:** Werner / Nauroth, Holger: *Die deutsche Nachtjagd – Bildchronik der deutschen Nachtjäger bis 1945*, Motorbuch-Verlag, Stuttgart, 1995

- **Abb. 4:** *Kammhuber-Linie 1941* unter http://www.luchtoorlog.net/ /hoofdstuk1.html (abgerufen 15.06.2016)

- **Abb. 5:** *Ostfreesland – 1941, Kalender für Jedermann*, Heinrich Soltau Verlag, Norden, 1941

- **Abb. 6:** Bildarchiv: Medienzentrum Norden, BildNr. 0201001-0266128

- **Abb. 7-10:** Schnaars, Thorsten: *Flak-Regiment 26* unter http://www. historic .de /Militar/Flakregiment26/Flakreg26Main.htm (abgerufen 15.06.2016)

- **Abb. 11-13:** *Ostfreesland – 1941, Kalender für Jedermann*, Heinrich Soltau Verlag, Norden, 1941

- **Abb. 14:** *B-17 Schweinfurt.jpg*, Public Domain unter https://commons. wiki-media.org/wiki/File:B-17_Schweinfurt.jpg (abgerufen 15.06.2016)

- **Abb. 15:** Bogena, Heyo, Osteel

- **Abb. 16-18:** NLAU AU, Rep. 36 acc. 2004/58, Nr.1845

- **Abb. 19:** Schnaars, Thorsten: *Flak-Regiment 26* unter http://www. historic .de /Militar/Flakregiment26/Flakreg26Main.htm (abgerufen 15.06.2016)

- **Abb. 20:** Bundesarchiv, Bild 101l-635-4000-25/Walther/CC-BY-SA 3.0

- **Abb. 21:** Svejgaard, Michael: *Fliegerhorst Grove* unter www.gyges.dk /fliegerhorst_grove13 Light Flak.htm (abgerufen 16.06.2016)

- **Abb. 22:** *Friesenwall 1944-1945*, Kartographie Universität Oldenburg überarbeitet v. Lars Zimmermann

- **Abb. 23:** Zimmermann, Lars: Eigene Sammlung, Osteel

- **Abb. 24, 25:** Zimmermann, Lars: Eigene Aufnahmen 2015

- **Abb. 26:** Zimmermann, Lars: Eigene Sammlung, Osteel
- **Abb. 27-29:** Zimmermann, Lars: Eigene Aufnahmen 2015
- **Abb. 30:** Oberkommando des Heeres: *Bildheft Neuzeitlicher Stellungsbau,* Merkblatt 57/5, Blatt 117, Verlag Berlin, 1944
- **Ab. 31:** Zimmermann, Lars: Eigene Aufnahme 2015
- **Ab. 32:** *Volkssturm_armband.svg,* Public Domain unter https://upload. wikimedia.org/wikipedia/commons/b/b8/Volkssturm_armband.svg (abgerufen 23.06.2016)
- **Abb. 33:** Ketley / Rolfe: *Luftwaffen-Embleme 1939-1945,* Bernard & Graefe in der Mönch Verlagsgesellschaft mbH, Bonn, 2001
- **Abb. 34:** Laird Acred, Matthew: *Dornier DO-17P* unter http://www. asisbiz .com/il2/Do-17/Dornier-Do-17/pages/Dornier-Do-17P-side-view 01 .html (abgerufen 23.06.2016)
- **Abb. 35:** Grensemann, Heike; Remmers, Wilma; Peters, Erich: *Erinnerungen an Osteel – 2010,* Kalender Titelblatt
- **Abb. 36:** Imperial War Museum London: GER/MSC/MRC18, *Meldung des Generalquartiermeisters der Luftwaffe*
- **Abb. 37:** RAF-Flug 5.6.1944: Flugnummer HNA 032, Bildnummer 263
- **Abb. 38:** Zimmermann, Lars: Eigene Aufnahme 2016
- **Abb. 39:** Jannßen, Dietrich: Eigene Sammlung, Emden
- **Abb. 40:** Powers, William M.: *390th Memorial Museum,* Tucson, Arizona USA
- **Abb. 41:** American Air Museum in Britain: *Roger Freeman Collection, Object number FRE 8261*
- **Abb. 42, 43:** Powers, William M.: *390th Memorial Museum,* Tucson, Arizona USA
- **Abb. 44:** Missing Air Crew Report 1727, S.2
- **Abb. 45, 46:** Powers, William M.: *390th Memorial Museum,* Tucson, Arizona USA
- **Abb. 47:** NLA AU, Rep. 20, Nr. 729
- **Abb. 48:** Zimmermann, Lars: Eigene Aufnahme 2015

- **Abb. 49:** Powers, William M.: *390th Memorial Museum*, Tucson, Arizona USA

- **Abb. 50:** American Air Museum in Britain: *Roger Freeman Collection, Object number FRE 3869*

- **Abb. 51:** Stiftung Deutsches Historisches Museum Berlin: *„Der Feind sieht dein Licht! Verdunkeln!"*, Plakat, Inv.Nr.: P 96/1872

- **Abb. 52:** Zimmermann, Lars: Tabelle *"Kriegssachschäden Osteel"*, erstellt anhand v. NLA AU, Rep. 16/1, Nr. 338

- **Abb. 53, 54:** Ernst-Moritz-Arndt-Gymnasium Osnabrück: *Tiefflieger* unter http://ud16_18.ud16.udmedia.de/joomla/wer-wir-sind/29-schule /schule-gestern (abgerufen 27.06.2016)

- **Abb. 55:** Müller, Norbert Osteel: Eigene Sammlung, Osteel

- **Abb. 56:** Bundesarchiv, Bild 101I-621-2944-26A/Doege/CC-BY-SA 3.0

- **Abb. 57:** Bogena, Heyo, Osteel

- **Abb. 58, 59:** NLA AU, Rep. 36 Nr. 1851

- **Abb. 60:** Müller, Norbert: *Chronik der „Freiwilligen Feuerwehr Osteel" zum 75-jährigen Jubiläum 2010*, Osteel, 2010

- **Abb. 61, 62:** NLA AU, Rep. 36 Nr. 1853

- **Abb. 63:** Haddinga, Johann: *Kriegsalltag in Ostfriesland*, SKN-Verlag, Norden, 1995

- **Abb. 64, 65:** Müller, Norbert Osteel: Eigene Sammlung, Osteel

- **Abb. 66:** Amstettner Anzeiger: *Bestimmt und Zurückhaltend*, Kreiszeitung für die Kreise Amstetten v. 18.04.1943

- **Abb. 67:** NSDAP Gau Weser-Ems, Gaupropagandaamt Oldenburg: *Merkblatt*, Druck Oldenburgische Staatszeitung, Oldenburg

- **Abb. 68:** Zimmermann, Lars: Eigene Aufnahme 2016

- **Abb. 69:** Missing Air Crew Report 1727, S. 9

Zeitfracht Medien GmbH
Ferdinand-Jühlke-Straße 7
99095 Erfurt, Deutschland
produktsicherheit@kolibri360.de